Heinz Marecek

Das ist ein Theater!

Heinz
Marecek

Das ist
ein Theater!

Begegnungen
auf und hinter
der Bühne

Residenz Verlag

Bibliografische Information der Deutschen Bibliothek
Die Deutsche Bibliothek verzeichnet diese Publikation
in der Deutschen Nationalbibliografie; detaillierte
bibliografische Daten sind im Internet über
http://dnb.ddb.de abrufbar.

www.residenzverlag.at

6. Auflage 2008

Umschlaggestaltung: Franz Hanns
Umschlagbild: Lukas Beck
Grafische Gestaltung/Satz: Franz Hanns
Gesamtherstellung: CPI Moravia Books

ISBN 978 3 7017 1420 9

Inhalt

Gerade als ich anfing,
das Theater zu verstehen,
hat irgendwer daran herumgespielt
und alles wieder verändert …

Anfänge

Ein junger Schauspieler sitzt nach einer Vorstellung in einer kleinen Provinzstadt in seiner Garderobe. Er hat eine winzig kleine Rolle gespielt. Schlecht. Und der ganze deprimierende Abend hat auch noch vor halb leerem Haus stattgefunden.
Es klopft an der Garderobentür. Ein eleganter Herr tritt ein.

Der elegante Herr: »So geht das nicht weiter. Du sitzt hier in der Provinz und spielst kleine Rollen! Du gehörst an ein großes Theater, und da musst du Hauptrollen spielen!«

Der junge Schauspieler: »Leicht gesagt. Aber wie?«

Der elegante Herr: »Ich mache das für dich!«

Der junge Schauspieler: »Sind Sie Agent?«

Der elegante Herr: »Nein, ich bin der Teufel.«

Der junge Schauspieler: »Und was verlangst du als Gegenleistung?«

Der elegante Herr: »Deine Seele!«

Der junge Schauspieler: »Und? Wo ist der Haken?«

Bitte eine Geschichte oder: Wie die Geschichten in mein Leben kamen

Fast am Tag genau neun Monate vor meiner Geburt hatten sie geheiratet. Sie achtzehn, er einundzwanzig Jahre alt, Wiener der ersten Generation. Die Eltern kamen aus allen Teilen der Monarchie, Mähren, Galizien, vom Gardasee … Sowohl meine Mutter als auch mein Vater waren das jüngste von jeweils fünf Geschwistern.

Die Familie meines Vaters wohnte auf Zimmer-Küche, die meiner Mutter lebte bedeutend luxuriöser – sie hatte eine Wohnung mit Vorzimmer und Kabinett. Die älteren Geschwister meiner Mutter waren zum Zeitpunkt meiner Geburt bereits außer Haus, daher lebte mein Vater mit meiner Mutter in der schwiegerelterlichen »Großwohnung«.

Es war der 16. September 1945. Meine Eltern besuchten das Meidlinger »Schloss-Kino«, wo ich Jahre später heimlich meine ersten nicht jugendfreien Filme sehen sollte und das inzwischen dem traurigen Schicksal so vieler Kinos anheim gefallen ist. Bei dem anschließenden Fußmarsch nach Hause muss ich mich ziemlich stürmisch gemeldet haben, denn kaum daheim angelangt, verließen meine Eltern Hand in Hand auch schon wieder die Wohnung, um auf der nächsten Wachstube einen Rettungswagen zu organisieren.

Das war allerdings nicht so einfach. Ein Polizeibeamter gab ihnen den gut gemeinten Rat: »Gehts hinauf zu den Engländern in die Train-Kaserne, vielleicht hab'n die einen Jeep …«

Nun, die Engländer hatten tatsächlich einen, durften aber

nicht in die französische Zone nach Gersthof fahren, wo ich planmäßig im dortigen Spital das Licht der Welt hätte erblicken sollen. So kam ich am nächsten Tag unplanmäßig im Lainzer Spital zur Welt, und wenn ich den Schilderungen meiner Mutter glauben darf, war die Fahrt mit dem Jeep so rasant, dass sie die ganze Zeit dachte, ich würde – noch viel unplanmäßiger – in eben diesem Jeep zur Welt kommen. Irgendwie war mir aber dann diese abenteuerlich-romantische Geburt doch nicht vergönnt.
Die nächsten drei Jahre verbrachte ich in der Wohnung meiner Großmutter mütterlicherseits. An diese Zeit habe ich so gut wie keine Erinnerung. Nur ein Besuch im Schlafzimmer meines Großvaters – es muss unmittelbar vor seinem Tod gewesen sein – ist mir im Gedächtnis geblieben: Auf dem Nachtkästchen lagen einige verschrumpelte kleine Äpfel, und der Großvater schenkte mir einen davon.
Jahre später wurde das Wohnzimmer in der großmütterlichen Wohnung mit seinen altdeutschen Möbeln, dem Diwan, dem grünen bis zur Decke reichenden Kachelofen und der großen Bibliothek des Großvaters mein erklärter Lieblingsaufenthalt.

Im Jahr 1948 wurde mein Bruder geboren. Kurz vorher waren wir in den siebenten Bezirk gezogen, und dort lebten wir dann zu viert bis 1959 – zur Abwechslung wieder einmal auf Zimmer-Küche-Kabinett. Alle Fenster gingen in den Hof, der nur wenige Stunden am Tag von der Sonne gestreift wurde. Trotzdem wurde dieser Hof der Schauplatz unzähliger Rollerwettfahrten, Fußballschlachten und ähnlicher Vergnügen. Aber vor allem hatte dieses Haus etwas, was meine ganze Jugend ent-

scheidend prägen sollte – im Keller befand sich ein Turnverein!
Die nächsten zwölf Jahre hindurch standen die Wiener Arbeiter-Turner ganz im Mittelpunkt meines Interesses. Manchmal besuchte ich bis zu fünf Mal in der Woche diesen Turnverein. Was für ein herrliches, fast kostenloses Vergnügen! Danach konnte man sogar heiß duschen! Ein einschneidendes Erlebnis für jemanden, der bis dahin nur Lavoir und Waschbecken kannte. Immerhin sollte es noch zwölf Jahre dauern, bis wir ein eigenes Badezimmer hatten.

Mein Vater hatte im Jahr 1945 bei einer Versicherung zu arbeiten begonnen, sein Anfangsgehalt belief sich auf 180,– Schilling im Monat. Den Weg zum Büro legte er jahrelang zu Fuß zurück – wir wohnten im siebenten Bezirk, das Büro war im ersten Bezirk. Er hatte nicht einmal ein paar Groschen im Sack, um sich unterwegs ein Bier kaufen zu können.
Wir waren arm, aber irgendwie gelang es meinen Eltern, dieser Armut jeden Geschmack von Bitterkeit zu nehmen. Ich kann mich nicht erinnern, jemals gehungert zu haben, und meine Mutter hätte sich zu Tode geschämt, meinen Bruder oder mich mit dreckigen oder zerrissenen Kleidern in die Schule gehen zu lassen – dass wir regelmäßig mit solchen nach Hause kamen, dafür konnte sie nichts.
So ziemlich alles, was wir am Leib trugen, war von ihr in nächtelanger Heimarbeit hergestellt worden. Dinge, die außerhalb dieser autarken Beschaffungsmöglichkeit lagen, wie etwa Schuhe, bekamen wir zu Ostern oder Weihnachten geschenkt – auch im sozialistischen Haushalt wurden diese Feiertage liebevoll gepflegt.

Der siebente Wiener Gemeindebezirk war nicht gerade von Grün überwuchert, so dass wir die langen Ferienaufenthalte im Mühlviertel so richtig genossen. Solange mein Bruder und ich noch nicht zur Schule gingen, verbrachten wir jedes Jahr mehrere Monate in Oberösterreich.
Die vielen Sommer auf einem Bauernhof waren von einer derart eindrucksvollen und nachdrücklichen Schönheit, dass ich heute noch genau weiß, wie es in der Rauchkuchl, am Heuboden, im Stall oder in der Stube roch oder wie die unreifen Äpfel, der Most und die Marmelade schmeckten, die zum Gabelfrühstück aufs Feld gebracht wurden.
Diese Erfahrungen haben ein derartiges Glücksgefühl in mir zurückgelassen, dass ich mich entschloss, mit meiner eigenen Familie ebenfalls auf einem solchen Bauernhof zu leben – bis meine Kinder, die ansonsten meiner Erziehung sehr viel Verständnis, Geduld und Nachsicht entgegenbrachten, unerbittlich auf einen Rückzug in die Stadt bestanden, weil ihnen die unmittelbare Nähe zu den Freunden wichtiger erschien als Wald, Teich und Baumhaus. Also gut. Zurück in die Stadt! Wie mein Freund Georg Kreisler einmal zu uns sagte: »Schafft euch Kinder an, ihr kommt aus dem Lachen nicht heraus!«

In den Monaten, in denen wir nicht auf dem Lande sein konnten, wurden wir an den Wochenenden für etwaigen Sauerstoffmangel ausgiebig entschädigt. Wenn es nicht gerade in Strömen regnete – bei Nieseln konnte ein Regenschutz Abhilfe schaffen – gab es im Frühjahr und im Herbst keinen Sonntag, an dem wir nicht um acht Uhr früh mit voll bepacktem Rucksack die Straßenbahn bestiegen. Die beliebtesten Ausflugsziele waren Mödling,

Rodaun, Kaltenleutgeben und Hütteldorf. Im Sommer fuhren wir ins Überschwemmungsgebiet – erst im Zuge unseres langsamen finanziellen Aufstiegs konnten wir uns das Gänsehäufel oder das Ottakringer Bad leisten. Im Winter holten wir die Rodel aus dem Keller und fuhren mit der Straßenbahn auf den Roten Berg – sicher nicht aus ideologischen Motiven, der Rote Berg war wegen seiner günstigen geographischen Beschaffenheit unser Ausflugsziel.

Auch sonst hatte ja die »sozialistische« Erziehung eher romantischen Charakter. Armut war keine Schande – im Gegenteil, man war ein bisschen stolz darauf, und eigentlich hatte man als anständiger Mensch mehr oder weniger arm zu sein. Überhaupt hatte die »Anständigkeit« einen sehr hohen und wirklich ernst gemeinten Stellenwert. Es gab Dinge, die tat man einfach nicht. So ist mein Vater zum Beispiel nie wieder bei einem Maiaufmarsch mitgegangen, weil wir einmal nach dem Aufmarsch zufällig hinters Rathaus kamen, wo einige Funktionäre von ihren Chauffeuren abgeholt wurden, nachdem sie kurz vorher noch von der Tribüne gewinkt hatten. Während Zehntausende Sozialisten aus ganz Wien zu Fuß hinmarschiert waren und ebenso zu Fuß wieder nach Hause marschierten, ließen sich diese Arbeiterführer einfach mit dem Auto abholen! Heute ist das vielleicht eine Selbstverständlichkeit, aber damals – es war Ende der fünfziger Jahre – tat man das eben nicht. Zumindest empfand das mein Vater so.

Er besaß, überhaupt in jüngeren Jahren, eine große Begabung, sich zu empören, gelegentlich übertrieben, aber sehr oft zu Recht. Emotionen wurden bei uns prinzipiell nicht unterdrückt. Man trug nicht nach, nahm nicht übel

und war auch nicht eingeschnappt. Wenn einem irgendwas nicht passte, dann sagte man das ziemlich unverblümt. Wir waren schon eine Familie von »Warmblütlern«.
Die Wogen wurden oft von meiner Mutter geglättet, die die ungeheure Gabe besaß, fast allem eine heitere Seite abzugewinnen. Es wurde viel gelacht, Mittagessen mit minutenlangen Lachorgien der gesamten Familie waren keine Seltenheit. Und – man war nie über Nacht böse. Egal, was vorher passiert war, spätestens vor dem Einschlafen kam es zur Versöhnung. Am nächsten Tag begann alles neu. So hat einen auch das Gefühl, in einer Art Liebeskugel geborgen zu sein, nie verlassen.
Ich glaube nicht, dass mein Bruder oder ich jemals sonderlich verwöhnt worden wären, aber wir hatten stets das Gefühl, das emotionelle Zentrum unserer Eltern zu sein. Auf wie viel wurde jahrelang um der Kinder willen verzichtet – ohne je Aufhebens davon zu machen! Ich weiß heute noch nicht, wie mein Vater es schaffte, all diese Bücher anzuschleppen. Nicht nur, dass wir Mitglieder bei sämtlichen Buchgemeinschaften waren, es reichte zwischendurch auf geheimnisvolle Weise auch immer wieder zu einem Einkauf in der Buchhandlung.

Meine Eltern gingen nicht oft ins Theater, aber im Kabarett »Simpl« versäumten sie kein einziges Programm. Meine Mutter und mein Vater trugen uns Kindern dann tagelang beim Abendessen in einer Art Doppelconférence die Pointen vor. Ich wusste mit zehn Jahren, wie der Heller redet (der Fritz, nicht der Franz!), wie sich der Maxi (später Max) Böhm die Haare aus der Stirn streicht, ich kannte Cissy Kraners Lied vom *Vorderzahn* und wusste, dass der *Novak* sie nicht verkommen lässt. Auch Hugo Wiener war für mich kein Unbekannter, außerdem kannte ich unzählige Farkas-Sprüche auswendig – immer wenn mein Vater meiner Mutter Anlass zur Verwunderung gab, und das kam gar nicht so selten vor, sagte sie mit den Worten Waldbrunns: »Oh, du mein Karl!«, obwohl er Franz hieß.

Keiner am Tisch ahnte damals, dass ich fünfzehn Jahre später mein erstes Stück an der Josefstadt unter der Regie von Ernst Waldbrunn spielen würde. Wir gaben miteinander ein paar hundert Vorstellungen und wurden Freunde.

Wenn ich heute zusammen mit meinem Freund Karlheinz Hackl mit dem Grünbaum-Farkas-Programm *Was lachen Sie?* durch die Lande ziehe, denke ich mir manchmal vor der Vorstellung in der Garderobe, wie ungeheuer schade es ist, dass mich mein Vater in seinem Lieblingsprogramm nicht sehen kann.

Ein weiterer entscheidender Prägefaktor meiner Kindheit waren meine beiden Großmütter. Sie waren wunderbare Erzählerinnen, und viele ihrer Geschichten kannte ich bald auswendig. Wenn sie von der ursprünglichen Version nur ein wenig abwichen, protestierte ich sofort lautstark. Später waren die Geschichten Teil des abendlichen Einschlafrituals – mein Vater konnte kaum die *Bürgschaft* zu Ende lesen, weil wir vorher schon beide weinten. Leichter war's mit dem *Taucher*, es war nicht einzusehen, warum er noch einmal hineinsprang.

Jedenfalls erzeugten alle diese Geschichten nicht nur einen unstillbaren Lesehunger, sie waren auch schuld daran, dass ich später Leuten verfiel, die Geschichten

erzählen konnten. Dazu gehörten der Schriftsteller Friedrich Torberg, der Schauspieler und Regisseur Peter Ustinov, der Theaterdirektor Ernst Haeusserman und der Psychiater Friedrich Hacker.
Wie viele Nächte bin ich mit weit aufgesperrten Ohren dagesessen und konnte mich an den Geschichten nicht satt hören! Durch eine glückliche geistige Konstitution habe ich sie mir fast alle gemerkt, und aus dem Zuhörer ist irgendwann ein Erzähler geworden.

Wahrscheinlich wurde ich nur deshalb Schauspieler, weil man auf der Bühne Geschichten erzählen kann. Wie hat Jean Gabin gesagt, als er nach den drei wichtigsten Dingen, die einen guten Film ausmachen, gefragt wurde? »Eine gute Geschichte, eine gute Geschichte, eine gute Geschichte.« Ich kannte diesen Satz noch nicht, als ich zum Theater ging – aber seinetwegen bin ich hingegangen.

Auch wenn man schon Jahrzehnte am Theater ist, eine Frage wird einem immer wieder gestellt: »Warum sind Sie Schauspieler geworden?« Ich muss ehrlich sagen, dass ich diese Frage lange Zeit nicht wirklich beantworten konnte. Zwar wusste ich sehr früh, dass ich Schauspieler werden möchte, aber warum, das war mir eigentlich nicht ganz klar. Die Antworten von Kollegen auf genau dieselbe Frage haben mich nie restlos überzeugt – mit einer einzigen Ausnahme: Es war Gustav Knuth, der in einem Interview auf die Frage »Warum sind Sie zum Theater gegangen?« sagte: »Weil ich nach der Vorstellung gerne ein Bier trinke.« Das halte ich für eine einigermaßen plausible Erklärung.

Wenn einem eine Frage immer wieder gestellt wird, dann beginnt man darüber nachzudenken – vor allem deswegen, weil man beim nächsten Interview nicht schon wieder herumstottern, sondern mit einer griffigen Formulierung aufwarten möchte.

Warum wird man also Schauspieler? Wahrscheinlich gibt es zwei Gründe, und der erste hat etwas mit Bewunderung zu tun. »Bewundern« verhält sich zur Kunst wie »sich wundern« zur Wissenschaft. Man wird Wissenschaftler, weil man sich mehr wundert als andere Menschen und über gewisse Phänomene nachzudenken beginnt. Vielleicht wird man Künstler, weil man mehr »bewundert« als andere Menschen. Komponist wird man, weil man Musik so gerne hat, Maler wird man, weil einem Bilder gefallen, und vielleicht wird man Schauspieler, weil man Schauspieler bewundert, weil einen das Theater zunächst als Zuschauer ungeheuer fasziniert.
Ich habe schon sehr früh begonnen, oft ins Theater zu gehen. Vor allem der Mozart-Saal im Konzerthaus hatte es mir angetan, wo Oskar Werner, Ernst Deutsch oder Albin Skoda ihre Solo-Abende gaben. Jedes Mal, wenn ich nach so einem Abend das Theater verließ, dachte ich mir: So etwas möchte ich auch einmal machen, genau das – rausgehen und Geschichten erzählen.

Um Geschichten soll es auch in diesem Buch gehen. Geschichten, die sich am Theater zugetragen haben, auf der Bühne, im Souffleurkasten, in der Garderobe, in der Direktion, wo auch immer. Um Geschichten, die ich zum Teil selber erlebt habe – mit Freunden, mit Kollegen –, aber auch Geschichten, die mir ältere Kollegen erzählt haben, Geschichten, die sie erlebt haben, oder Geschichten, die ihnen Kollegen erzählt haben. So sind sie also bis zu mir gelangt, und bevor ich sie vergesse, möchte ich sie aufschreiben.

Zum ersten Mal bin ich mit sechs Jahren auf der Bühne gestanden: Es war eine Schulaufführung, und ich gab den Spielansager – mit Schärpe und Zweispitz und einem Tambourstab. Irgendetwas ist an diesem Abend passiert. Ich bin mir nicht darüber im Klaren, ob es der Applaus war – dieses »Brot der Komödianten« –, von dem immer behauptet wird, er sei für die Schauspieler wichtiger als die Gage.

Nach vier Jahrzehnten Theater weiß ich, dass dies eine romantische Sicht der Dinge ist. Aber natürlich hat Applaus eine ungeheure Faszination. Samy Molcho, der weltberühmte Pantomime, hat einmal erzählt, dass er in Paris in einer Wohnung mit Glasdach wohnte. Wenn es in der Nacht regnete, wurde er wach, stand auf und verbeugte sich, weil das Geräusch des Regens auf dem Glas wie Applaus klang.

Vielleicht war es aber auch das Lachen, das mich an diesem Abend so faszinierte. Ich sprach Sätze, an die ich mich heute nicht mehr erinnere, aber ich weiß noch, dass die Leute unten im Zuschauerraum lachten. Sie lachten über mich, den Sechsjährigen! So müssen Drogen wirken, stelle ich mir vor.

Oder vielleicht war es der Geruch von Theaterpuder? Dieser Geruch übt bis heute eine elektrisierende Wirkung auf mich aus. Wenn ich in eine Garderobe komme und es riecht nach Theaterpuder, bekomme ich eine Gänsehaut.

Apropos Theaterpuder! In grauer Vorzeit soll im Theater in der Josefstadt die erotische Hemmschwelle äußerst niedrig gewesen sein. Angenehm niedrig, wie Augenzeugen berichten. Es wurde innerhalb des Ensembles rege freundschaftlich verkehrt. Man durfte nie eine Garderobe betreten, ohne vorher anzuklopfen, und wenn man durch die Unterbühne ging, tat man dies taktvoll, ohne nach links und rechts zu schauen. Aber das war lange bevor ich ans Haus kam. Wie es bei Johann Nestroy heißt: »Frühere Verhältnisse«.

Eben zur Zeit der früheren Verhältnisse innerhalb des Ensembles feierte die Josefstadt ein Jubiläum – ich weiß nicht mehr genau, was gefeiert wurde, vielleicht »Tausend Jahre Franz Stoß« oder so etwas Ähnliches. Anlässlich der Feier fand eine Sonntags-Matinee im Theater statt. Die Schauspielerinnen und Schauspieler auf der Bühne saßen auf den berühmten vergoldeten Rokokostühlchen, im halb erleuchteten Zuschauerraum wartete gespannt das Publikum. Die Festrede hielt Prof. Heinz Kindermann, Ordinarius für Theaterwissenschaft an der Universität Wien.

Kindermann trat ans Rednerpult, schaute versonnen dem entschwebenden und langsam verlöschenden Josefstadt-Luster nach und begann seine Rede mit dem fatalen Satz: »Dieses Haus erinnert mich immer an eine große Puderdose ...«

Achtzig Rokokostühle begannen zu wackeln, angeblich schlugen auf der Hohen Warte die Seismographen aus und meldeten ein partielles Beben im achten Wiener Gemeindebezirk. Die Herren auf der Bühne banden plötzlich alle ihre Schuhriemen, die Damen kramten in ihren Handtaschen auf dem Boden. Die älteren und würdigen Kollegen, die in der ersten Reihe saßen – für die dieses Wortspiel keine allzu aktuelle Bedeutung hatte –, blickten erstaunt nach hinten, und Vilma Degischer erzählte mir später: »Ich habe mich umgedreht und keinen einzigen Kopf gesehen – nur acht Reihen vergoldete Sessellehnen.«

Von all dem hatte ich als Sechsjähriger keine Ahnung – aber seit »meinem« Abend in Kostüm und mit Tambourstab stand für mich fest: Ich will Schauspieler werden!
Diese tiefe Sehnsucht, deren Realisierung damals in weiter Ferne lag, hat mich nie wieder losgelassen. Es hat mich auch nie einer jener Berufe interessiert, für die Buben normalerweise irgendwann einmal Feuer und Flamme sind. Ich wollte nie Feuerwehrhauptmann, Polizist, Cowboy oder Lokomotivführer werden. Nie! Ich wollte Schauspieler werden und nichts anderes.
Nach einer zehnjährigen Latenzzeit brach dieser Wunsch im Alter von sechzehn Jahren dann mit aller Macht durch. Unterstützt wurde das sogar in meiner Schule: An der Handelsakademie leitete eine theaterbegeisterte Professorin, die selbst gerne zum Theater gegangen wäre, eine Theatergruppe. Ihre Eltern hatten ihr verboten, den Schauspielberuf zu ergreifen, und um sich diesen Kindheitswunsch wenigstens teilweise zu erfüllen, gründete sie an der Schule eine Theatergruppe.
Ich war Mitglied dieser Theatergruppe. Dort spielte ich nicht nur, sondern inszenierte auch Stücke und stellte Abende zusammen. Ich tat dies gemeinsam mit meinem Freund Gerhard Janda, der ursprünglich ebenfalls Schauspieler werden wollte, ganz am Anfang sogar Opernsänger, dann aber wurde er – ein sehr guter – Bühnenbildner und Architekt.

Meine schauspielerischen Ambitionen gingen zum Teil auch auf Kosten des Unterrichts. Dafür hatte ich immer eine gute Entschuldigung: »Ich musste für die Theatergruppe etwas vorbereiten!«
Jetzt kam aber das wirklich große Problem auf mich zu, denn es gibt zwei elementare Fragen für einen jungen Menschen, der Schauspieler werden möchte: Erstens: Wie wird man das? Zweitens: Wie bringt man es den Eltern bei?
Die richtige Antwort auf die erste Frage war nicht schwer: Da gab es das berühmte Reinhardt-Seminar. Sollte man es schaffen, dort aufgenommen zu werden, dann wäre das die Traumlösung. Sollte man es nicht schaffen, dann gab es noch andere Schulen, auch Schauspieler, die privat unterrichteten – irgendeine Möglichkeit würde sich schon finden lassen. Das war der einfache Teil der Übung. Das Schwierige war, wie man den Eltern beibringt, dass man zum Theater gehen möchte. Es gibt da diese berühmte Geschichte aus der Monarchie, in der ein Mann in ein Bordell kommt. Im Salon dieses Bordells begleitet ein Pianist ein junges, hübsches Mädchen, das mit wunderschöner Stimme *Traviata*-Arien singt.
Irgendwann geht der Mann zu dem Mädchen und fragt: »Fräulein, Sie haben eine so wunderschöne Stimme, warum gehen Sie nicht zur Oper?« Da antwortet sie ganz traurig: »Das würden meine Eltern nie erlauben.«
Natürlich hatte auch ich Sorge, dass meine Eltern mit allen möglichen Argumenten gegen diesen Wunsch antreten würden. Deshalb spielte ich auf einsamen Spaziergängen immer wieder dieselbe Szene durch: Ich sage den Eltern, dass ich Schauspieler werden möchte. Wie werden meine Eltern reagieren? Sie wenden dies ein, sie wenden

das ein. Darauf werde ich dies und das erwidern ... Einen derartigen Trialog zwischen meinen Eltern und mir spielte ich wochenlang, ja monatelang durch.

Eines Tages war es dann soweit. Die Vorzeichen standen günstig: Mein Bruder und ich kamen beide mit einem Einser auf Schularbeiten nach Hause. Das hatte in unserer nicht gerade glorreichen Schulkarriere sozusagen Ereignischarakter. Schon ein Einser auf eine Schularbeit war nicht gerade häufig, aber dass beide Buben am selben Tag mit einem Einser zuhause antrabten – das war eine Singularität.

Da lagen also die beiden Schularbeitshefte. Meine Mutter stand in der Küche – ich erinnere mich, als ob es gestern gewesen wäre – und rollte gerade Marillenknödel, als mein Vater nach Hause kam. Der sah die beiden aufgeschlagenen Schularbeitshefte und sagte mit unverhohlenem patriarchalischen Stolz: »Naja, das Hirn haben die Buben halt von mir.« Meine Mutter rollte seelenruhig ihre Marillenknödel weiter und sagte: »Ganz bestimmt sogar, weil ich hab' ja meines noch.«

Die daraufhin ausbrechende Heiterkeit erschien mir als der ideale Moment, um meinen Berufswunsch darzulegen. Als wir kurze Zeit später bei der Gemüsesuppe saßen, die es immer vor den Marillenknödeln gab, nahm ich einen kurzen Anlauf und sagte: »Also, ich habe mich entschieden. Ich möchte Schauspieler werden.«

Kurze, bange Pause. Mein Vater sah nicht einmal von der Gemüsesuppe auf und sagte nur: »Da ist es am besten, du gehst aufs Reinhardt-Seminar.« Meine Mutter sagte: »Naja, warum nicht?« Schluss. Aus. Ende der Debatte.

Diese Reaktion schockierte mich zutiefst – mit allem

hatte ich gerechnet, nur damit nicht. Die Folge war, dass ich von mir aus begann, all jene Argumente aufs Tapet zu bringen, die ich auf den einsamen Spaziergängen meinen Eltern in den Mund gelegt hatte: »Das ist doch ein furchtbar unsicherer Beruf!« – »Kann man denn damit Geld verdienen?« – »Hängt nicht viel zu viel vom Glück ab?« Und so weiter. Mein Bruder – viel lustiger als ich – fügte noch unterstützend hinzu: »Und muss man da nicht schöner sein? Wie oft im Leben kann man den Glöckner von Notre-Dame denn schon spielen?«

Aber meine Eltern beharrten darauf, dass das ein Beruf wie jeder andere wäre. Außerdem gäbe es ja eine Aufnahmsprüfung. Bestünde man die nicht, müsse man sich sowieso etwas anderes überlegen.

Der eigentliche Schock des Augenblicks war aber die Erkenntnis, wie wenig ich meine eigenen Eltern kannte! Ich war völlig überrumpelt davon, mit welcher Gelassenheit und mit welcher Ruhe diese Ankündigung über den familiären Tisch ging.

Viele Jahre später saß ich mit Peter Ustinov in Wien beim Mittagessen. Als Dessert gab es Marillenknödel. Das erinnerte mich an die Geschichte aus meiner Jugend, und ich erzählte sie Peter Ustinov. Als ich zu Ende war, sagte er: »Das ist überhaupt nichts. Als ich meine Mutter fragte, ob ich Medizin oder Juristerei machen soll, hat sie gesagt: ›Warum machst du nicht was Seriöses? Mosaik zum Beispiel?‹«

Das Reinhardt-Seminar oder: Geschichten aus den gar nicht so heiligen Hallen

Jetzt ging es also nur noch darum, die Aufnahme in diesen »Orden« zu schaffen. Ich kannte ihn zu diesem Zeitpunkt nämlich schon, jenen berühmten Satz Max Reinhardts: »Sie treten heute einem Orden bei ...«
Auch kannte ich den Satz vom »Theater als seligsten Schlupfwinkel für diejenigen, die ihre Kindheit heimlich in die Tasche gesteckt und sich damit auf und davon gemacht haben, um bis an ihr Lebensende weiterzuspielen.« Diese Worte Max Reinhardts kennen alle Schauspieler – auch wenn sie sich sonst keinen Satz des großen Zauberers zu Herzen genommen haben.
Ich fuhr also in die Penzinger Straße und betrat ehrfurchtsvoll die heiligen Hallen. Bevor ich hineinging, wurde meine Ehrfurcht noch durch die Inschrift gesteigert, die in Stein gehauen über dem Eingang des Reinhardt-Seminars prangte: »Der Menschheit Würde ist in Eure Hand gegeben.« Na, servus!
Ich weiß nicht genau, was der Anlass war, aber als ich viele Jahre später wieder einmal ins Reinhardt-Seminar fuhr, um dort eine Aufführung mit den Schülern zu inszenieren – war die Inschrift verschwunden! Vielleicht fand irgendwer dieses Postulat doch etwas zu belastend, hatte ein Einsehen mit den jungen Schauspielschülern und ließ die hehre Gravur gnädig entfernen ...

Ich erfuhr, dass man für die Aufnahmsprüfung vier Rollen vorbereiten musste, und trat eine Woche nach meiner erstaunlich problemlos bestandenen Matura zu dieser

Aufnahmsprüfung an. Mit dem Jacques aus *Wie es Euch gefällt,* dem Martin Schalanter aus *Das 4. Gebot,* mit *Peer Gynt* und der Traumerzählung des Franz Moor versuchte ich mein Glück. Meine bereits erwähnte Professorin aus der Handelsakademie, die mein Versuch natürlich begeisterte, stellte sich für zwei Szenen zur Verfügung: als Großmutter für die Gefängnisszene im *4. Gebot* und als Mutter Aase für die Schlittenfahrt-Szene in *Peer Gynt.* Sie brachte sogar einen kleinen Schlitten und eine große Decke mit. So stand ich also im Juni 1964 im Schönbrunner Schlosstheater und wartete, bis ich aufgerufen wurde. Als es endlich soweit war, löste es zwar einiges Erstaunen bei der Prüfungskommission aus, dass ich die Bühne nicht allein, sondern mit einer älteren Dame und einer Rodel betrat – aber ich kam, nachdem ich meine vier Rollen vorgesprochen hatte, wie es so schön heißt »in die engere Wahl«. Das heißt, ich durfte am nächsten Tag noch einmal kommen – diesmal allerdings bitte ohne Partnerin und ohne Rodel, wie man mir diskret mitteilte.

Am nächsten Tag war es dann soweit: Aus den vierhundert Kandidaten, die angetreten waren, wurden neun (!) ausgewählt – und als die Nummer 48 aufgerufen wurde, hatte sich mein weiteres Schicksal entschieden: Ich war aufgenommen! Ich durfte die nächsten vier Jahre in den heiligen Hallen des Max-Reinhardt-Seminars verbringen! Meine theaterbegeisterte Professorin und Vorsprechpartnerin war darüber so glücklich, dass sie einen Monat später in Frühpension ging, Schauspielunterricht nahm, im Alter von sechzig (!) Jahren die Eignungsprüfung bei der Bühnengewerkschaft ablegte und sofort ein Jahr nach Bregenz ins Engagement ging. So hatte sich ihr Jugendtraum erfüllt – wenn auch mit ungefähr vierzigjähriger

Verspätung! Sie ist heute knapp 100 Jahre alt – und, liebe Friedl Kaufmann, danke für deine ansteckende Theaterbesessenheit und danke für die Rodel!

Nun begann eine herrliche Zeit. Natürlich stellte sich bald heraus, dass auch in den heiligen Hallen des Reinhardt-Seminars nicht nur die schauspielerische Elite des Landes als Lehrer zugelassen war. Es gab wunderbare Lehrer, die einem geheime Pforten öffneten, einen mit den tiefsten Wahrheiten dieses Berufes vertraut machten. Es gab tüchtige Lehrer, die einen ausgiebig mit technischem Rüstzeug versorgten (dessen Wichtigkeit von manchen Trotteln – wie von mir zum Beispiel – fatal unterschätzt und erst erschreckend spät, dann dafür umso wuchtiger erkannt wurde). Aber es gab auch Lehrer, die an keiner Bühne der Stadt ein Engagement gefunden hätten, und die durch irgendwelche seltsamen Winde des Schicksals als Lehrer ins Reinhardt-Seminar geweht worden waren. Für sie galt der Satz des großen Spötters George Bernard Shaw: »He who can do it does it, he who cannot do it teaches it!« Ich nehme an, das wird heute genauso sein.
Aber das war völlig egal! Wie hat Kammersänger Hans Hotter einmal gesagt? »Es gibt keine guten Lehrer, es gibt nur gute Schüler!« Er hat sogar noch hinzugefügt: »Die meisten großen Sänger sind nicht wegen ihrer Lehrer was geworden – sondern trotz ihrer Lehrer!«
Es gibt grandiose Lehrer, sowohl für junge Sänger als auch für angehende Schauspieler. Marlon Brando und Rod Steiger wären wahrscheinlich immer besondere Schauspieler geworden – aber dass sie so außergewöhnlich wurden, liegt sicher zu einem gut Teil auch daran, dass sie als Schüler durch die Hände Lee Strasbergs und Elia Kazans

gegangen waren. Eines ist sicher richtig: Die große Qualität des Reinhardt-Seminars ist erstaunlich unabhängig von der Qualität seines Lehrkörpers!
Die Magie des Reinhardt-Seminars liegt darin, dass es die Schüler in seinen Bann schlägt. Dass eine einzige Sache zum Lebensinhalt wird: das Theater! Man denkt von acht Uhr in der Früh, wenn man das Haus betritt (wenn man es betritt! – ich muss gestehen, dass manch frühmorgendlicher Tanz- oder Fechtunterricht einem »verstauchten Fuß« zum Opfer fiel), bis in die späten Abendstunden, wenn man das Haus verlässt, nur ans Theater! Man spielt Theater, man denkt Theater, man isst Theater, man lebt Theater!
Wenn man gelegentlich nach einer Abendprobe um zehn oder elf Uhr das Palais Cumberland verließ, dachte man: »Eigentlich schade, dass sich der ursprüngliche Wunsch Max Reinhardts, das Haus wie ein Kloster zu führen, mit gemeinsamen Mahlzeiten und Schlafsälen, nicht erfüllt hat.« Ob der Grund dafür, dass es nicht so kam, Platzmangel war oder die Angst, dass sich das Institut von einer Schauspielschule allmählich in ein »Heim für werdende Mütter« verwandeln könnte, wage ich nicht zu beurteilen.

Ich war keineswegs ein Paradeschüler, nicht einmal ein besonders guter. Es gab einige Lehrer – aber die waren eindeutig in der Minderheit –, die mich gern hatten, die ich zum Lachen brachte, beziehungsweise sie mich. Bis heute übrigens so ziemlich der wichtigste Gradmesser in meinen Beziehungen zu Menschen: Wie oft kann man gemeinsam lachen? Schon als Kind schleppte ich meine Freunde in die Filme der Marx Brothers und wehe, sie konnten nicht über Groucho lachen! Nicht über Harpo lachen, ließ ich gerade noch durchgehen, den fand ich auch nie besonders komisch. Über Chico mussten sie aber zumindest gelegentlich lachen – und über Groucho immer! Nicht lachen – brüllen! Schreien! Wenn nicht, war es aus mit der Freundschaft!

Später habe ich Mädchen, die in die engere Wahl für eine »ernstere« Beziehung kamen, in meine Wohnung eingeladen und ihnen in jenem Augenblick, in dem man normalerweise romantische Musik auflegt, Lieder von Georg Kreisler vorgespielt. Falls sie Englisch konnten, spielte ich ihnen Platten des grandiosen, fast in Vergessenheit geratenen, amerikanischen Komikers Shelly Berman vor. Kein Lachen – keine Liebe!

Meine Frau hat zwar den »Lachtest« bravourös bestanden, sah aber nach dem letzten Kreisler-Lied auf die Uhr und sagte – immer noch lachend – »so, und jetzt gehe ich«. Ich musste noch etliche Male Kreisler-Platten auflegen ... bis sie dann einmal blieb.

Nach einigen Monaten Reinhardt-Seminar wurde eine so genannte »Kontrollprüfung« über mich verhängt – eine Maßnahme, die nahezu gleichbedeutend mit einem Hinausschmiss war! Fast wäre es auch dazu gekommen, zum Glück war aber Otto Schenk in der Prüfungskommission, der sich als Löwenmutter gebärdete – und ich durfte bleiben!

Ich wage gar nicht daran zu denken, wie sich mein Leben entwickelt hätte, wenn er, der Vielbeschäftigte, an diesem verhängnisvollen Nachmittag irgendwo in der Oper, in einem Fernsehstudio oder auf dem Weg zu einer Lesung gewesen wäre! Wir waren zu fünft zu dieser Prüfung angetreten, vier mussten das Reinhardt-Seminar verlassen – ich bekam noch eine Chance! Wenn ich Otto Schenk nicht ohnehin schon vorher mit Haut und Haar verfallen gewesen wäre – spätestens von diesem Tag an hätte ich an ihn nur in Liebe und Dankbarkeit als meinen »Lebensretter« gedacht.

Otto Schenk war ganz ohne Zweifel mein wichtigster Lehrer im Reinhardt-Seminar. Der alte Billy Wilder erzählte einmal, er hätte sich beim Entwickeln einer Szene oft die Frage gestellt: »Wie hätte Lubitsch das gemacht?« In gleicher Weise stellte ich mir, wenn manchmal kein so großer Helfer unten saß, die Frage: »Wie hätte Schenk das gemacht?«

Es gab am Reinhardt-Seminar einige Lehrer, mit denen mich eine weit über die Seminarzeit hinausgehende Freundschaft verband. Mit vielen von ihnen bin ich später oft auf der Bühne gestanden, habe unter ihrer Regie gespielt oder sie unter meiner.
Susi Nicoletti steht hier sicher an erster Stelle. Sie war am Reinhardt-Seminar die »Mutter der Kompanie«. Aus irgendeinem Grund, den ich nicht kenne, war sie nie offizielle Leiterin des Reinhardt-Seminars – die inoffizielle war sie immer! Stets für einen da, ihre Ratschläge bei privaten Problemen waren mindestens so gut wie bei beruflichen; ein kluger, gebildeter, blitzgescheiter »Vollprofi« des Theaters, ein Mensch mit tiefer Vernunft, einem spöttischen, aber nie bösem Humor, der sie nur verließ, wenn es um Fragen der Disziplin ging – da kannte sie absolut kein Pardon – und einer geradezu allgegenwärtigen Fürsorge: Es verging keine wichtige lange Abendprobe, wo sie nicht

plötzlich voll bepackt mit belegten Brötchen, Wein und Kaffee auftauchte: »Kurze Pause!« – Um dann den gestärkten Schülern um Mitternacht strahlend zu verkünden: »So, und jetzt noch einmal das ganze Stück von vorn!« Wehe dem Unglücklichen, der da vielleicht verstohlen auf die Uhr geschaut hätte!
Sie war eine grandiose Mrs. Higgins in meiner *Fair-Lady*-Inszenierung an der Volksoper, es war pures Vergnügen, mit ihr die *Spanische Fliege* zu inszenieren, sie war eine leidenschaftliche Gastgeberin, berühmt für ihre sonntäglichen Mittagessen, wo man schwer sagen konnte, ob die Zeit des gemeinsamen Kochens oder des gemeinsamen Essens schöner war – und sie ist ein allzeit willkommener, geliebter, ganz besonderer Gast!
Gleich danach kommen Fred Liewehr, mit dem ich später *Showboat* spielte und der ein herrlicher Pickering in *My Fair Lady* war; die große Schauspielerin Judith Holzmeister, jedes Mal ein Erlebnis, sie auf der Bühne oder privat zu sehen – beides leider viel zu selten; Bruno Dallansky, mit dem ich viele Jahre später den *Brandtner Kaspar* inszenieren durfte; Vilma Degischer, die Grande Dame und spätere Kollegin am Theater in der Josefstadt, mit der ich einige hundert Vorstellungen gespielt und ein paar inszeniert habe; Samy Molcho, unter dessen Regie ich erste Schritte am Theater der Courage machte und dessen Kinder heute in die selbe Schule gehen wie meine – Eltern wie Kinder verbindet eine herzliche, gute und lustige Freundschaft; Walter Davy, Regisseur einiger gemeinsamer Fernsehproduktionen, geliebter Bridgepartner, mit dem man nur deshalb nie an einem der vorderen Plätze bei einem Turnier landet, weil seinem ruhelosen Gehirn spätestens nach der dritten Partie die ausgemachten

simplen Konventionen zu langweilig werden, worauf er dann die nur ihm bekannte »Einstein-Variante« spielt und mit dem jede triviale Konversation übergangslos zum »Blitzschach« wird ... Sie alle waren jene Lehrer am Reinhardt-Seminar, an die man sich gerne erinnert – und es ist nicht einer dabei, von dem man sich nicht den einen oder anderen Satz »mitgenommen« hätte, an den man sich nicht auch heute noch mit einem geradezu zärtlichen Gefühl erinnert. Die anderen ... naja, an die erinnert man sich halt nicht. Vielleicht haben sie einem nicht besonders geholfen – aber wirklich geschadet haben sie einem auch nicht.

Sollte dieses Buch aus irgendeinem Grund einem theaterbegeisterten Seminar-Aspiranten in die Hände fallen, so möchte ich ihm folgendes mitgeben: Es ist kein Zeichen für fehlende Begabung, wenn man bei der Aufnahmeprüfung für das Reinhardt-Seminar durchfällt! Das Seminar stellt sich jedes Jahr eine Art Ensemble zusammen: Wenn sie schon zwei große Blondinen haben, wollen sie jetzt auch eine kleine Schwarze, und die dritte große Blondine wird halt nicht mehr genommen. Wenn sie schon zwei Komiker haben, wollen sie endlich auch einen jugendlichen Liebhaber und so weiter. Außerdem gibt es Begabungen, die nicht erkannt werden – oder zumindest nicht gleich. Oskar Werner – die wahrscheinlich größte Begabung der letzten fünfzig Jahre – wurde gleich dreimal nicht aufgenommen. Nicht aufgenommen zu werden, bedeutet also gar nichts. Allerdings bedeutet es genauso wenig, aufgenommen zu werden!
Das Reinhardt-Seminar ist keineswegs eine Kader-Schmiede, die, wenn man sie absolviert hat, den Garan-

tieschein für eine große Karriere gleich mitliefert. Es ist eine Möglichkeit – eine sehr schöne, sehr gute, wahrscheinlich eine der besten, aber eben nur eine Möglichkeit! Wenn Ihnen diese Möglichkeit aus irgendeinem Grund verschlossen bleibt, wählen Sie eine andere! Schon Fritz Kortner hat gesagt: »Aufs Gemäuer kommt es nicht an!«

Meine Eltern am Tag ihrer Hochzeit, dem 9. Dezember 1944.

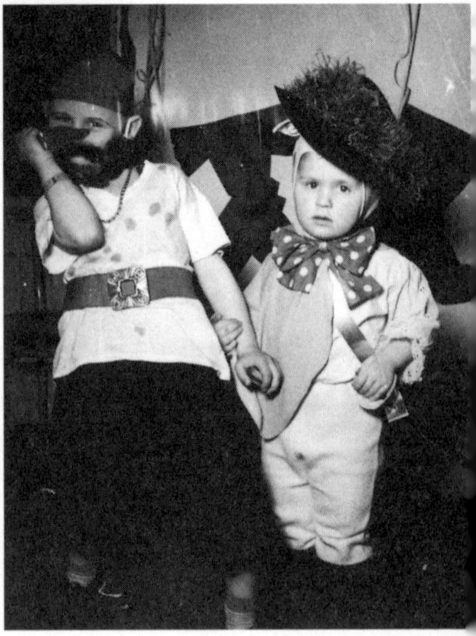

Mein Bruder Walter und ich. Um 1952

Ob als Schrecken erregender Pirat oder als zorniges Rumpelstilzchen – ich liebte es, mich zu verkleiden und in fremde Rollen zu schlüpfen, während mein Bruder noch nicht sicher war, wie er seine Rolle als Gestiefelter Kater anlegen sollte.

Nicht ganz im Bild: Ein Schnappschuss meines Vaters.

Als Leim in einer Schulaufführung von Nestroys »Lumpazivagabundus«.

Mit drei Schulfreunden als Statist in »Carmen«.

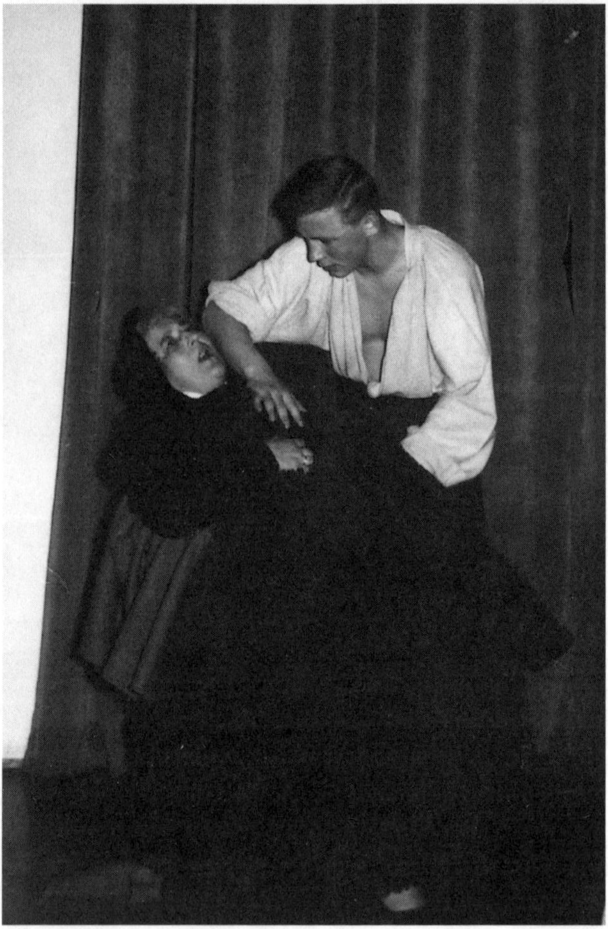

Mit meiner theaterbegeisterten Lehrerin Friedl Kaufmann führten wir in der Schule auch »Peer Gynt« auf.

Ebenfalls eine Schulaufführung:
als Johannes (Mitte) in »Das Apostelspiel«.

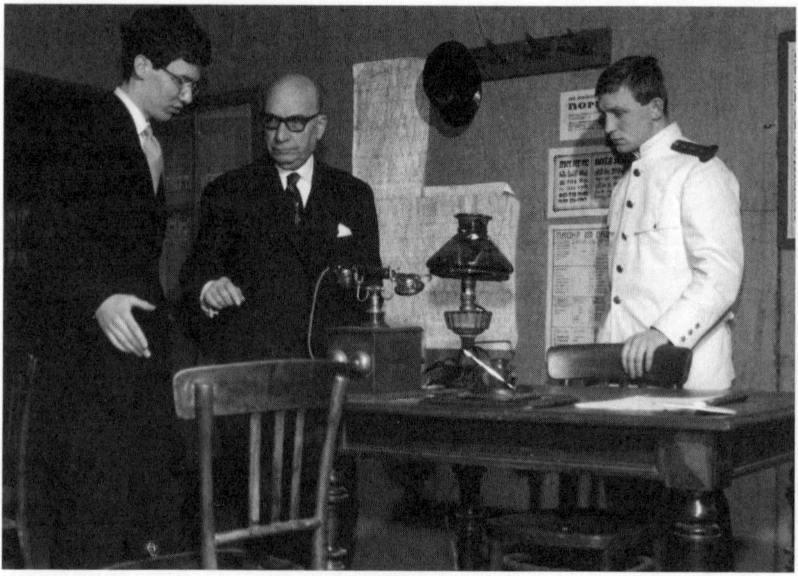

»Der Stern ohne Namen« –
ein Stück, das wir im Reinhardt-Seminar aufführten.

Im Jahr 1967 spielten wir im Reinhardt-Seminar »Leonce und Lena«. Florian Liewehr war Leonce und ich Valerio.

Zwischen Keller und Gürtel oder: Frei oder fix

Nach meinem zweiten Jahr am Reinhardt-Seminar kam das erste Angebot! Im Ateliertheater am Naschmarkt wurde *Narr und Nonne* von Stanislaw Witkiewicz produziert. Ich spielte einen Psychiater, Dr. Burdygiel, Regie führte Jan Biczycki, vielen Fernsehzuschauern später bekannt geworden als der alte russische Aristokrat im *Salzbaron*. Seine Frau, Roma Ligocka, machte die Kostüme, und ihr eigenes Kostüm sollte später einmal weltberühmt werden.

Roma, heute eine erfolgreiche Malerin, ist niemand anders als das Mädchen im roten Mantel in Steven Spielbergs Film *Schindlers Liste*. Ich lernte damals, dass Wodka bei Zimmertemperatur und aus dem Wasserglas getrunken gehört, saß nächtelang mit Jan und Roma in ihrer Wohnung. Wir diskutierten, tranken und rauchten filterlose französische Zigaretten. Genau so hatte ich mir das Leben am Theater vorgestellt. Herrlich! Dass die Abendgage 40,– Schilling und ein Straßenbahnfahrschein war, machte die Sache nur noch reizvoller.

Nun war es aber streng verboten, vor dem dritten Seminarjahr »öffentlich« aufzutreten. Als ich daher im Herbst wieder ins Seminar kam, ließ mich Dr. Helmut Schwarz, der Leiter des Seminars, rufen: »Sie wissen, dass Sie noch nicht spielen hätten dürfen?«

»Ja, aber ...«

»Zum Glück ist es ja gut ausgegangen. Gratuliere! Schließlich ist es doch unsere Aufgabe, Schauspieler auszubilden, und nicht Schüler!«

Helmut Schwarz war überhaupt ein Mann mit viel mehr Verständnis und Humor, als es zunächst den Anschein hatte. Er hatte ein erfolgreiches Stück geschrieben, *Der Arbeiterpriester,* und war ein hochintelligenter Dramaturg.
Als wir *Woyzeck* für eine Türkei-Tournee vorbereiteten, sah er sich eine der letzten Proben an – und war mit dem Ergebnis höchst unzufrieden. Ich war mit dem Regisseur dieser Produktion, Georg Raimoundos, befreundet und versuchte ihn zu verteidigen. Schwarz war alles zu ausgespielt, dort wo Büchner kurze, knappe Szenen geschrieben hatte, wurden diese pantomimisch verlängert und verdeutlicht. Mein Argument war: »Aber die Inszenierung ist doch für die Türkei gemacht!« Meinend, für Menschen, die nicht Deutsch sprechen. Aber Schwarz sah mich nur erstaunt an: »Na und? Wir wollen uns doch mit dem *Woyzeck* nicht für die beiden Türkenbelagerungen rächen!«

Ich besuchte das Reinhardt-Seminar jetzt nur noch gelegentlich, spielte dafür in der Courage, am Theater der Jugend und wurde schließlich von Marcel Prawy für die *West Side Story* an die Volksoper geholt. Und dazwischen wurde ich immer wieder von Alois Starka, dem legendären Agenten, zum Vorsprechen für verschiedene deutsche Bühnen eingeladen. »Herr Marecek, so geht das nicht weiter! Sie ›grundeln‹ da am Keller herum, einmal da, einmal dort. Sie gehören in ein festes Ensemble. Sie gehören in die Provinz!« Nun hatte ich erstens den Satz von Schenk im Ohr: »Lass dich nie aus der Großstadt vertreiben! Theater wird in der Großstadt gemacht!« Leise fügte der Opernweltregisseur noch dazu: »Meine Provinz zum Beispiel war die Josefstadt.« Außerdem hatte ich gerade Julia Migenes, die Maria aus *West Side Story*, geheiratet und wollte nicht aus Wien weg. Zwei Jahre später gab es diesen Grund nicht mehr, wir waren geschieden, aber aus Wien wollte ich immer noch nicht weg.

Eines Tages kam der Intendant aus Saarbrücken nach Wien, und Starka arrangierte einen Vorsprechtermin. Ich ging also – halben Herzens – in die Agentur. Mit meinen beiden Vorsprechrollen: Muley Hassan aus dem *Fiesco* und dem *Jedermann*-Teufel.

Nun begann folgender Dialog: Der Intendant: »Herr Marecek, was wollen Sie uns denn gerne vorsprechen?«

Gerne gar nichts, dachte ich, sagte aber: »Den Muley Hassan.«

»Ah, aus dem *Nathan!*«

Ich sah Starka kurz an, der nickte mir nur aufmunternd zu. Aha, auch keine Ahnung. Na gut. »Nein, aus *Fiesco!*«

Naturlaute vom Intendanten.

In diesem Augenblick betrat ein Mann das Zimmer, den mir der Intendant als seinen Dramaturgen vorstellte: »Das ist mein Dramaturg, Dr. Sowieso, das ist Herr Maracek (gut, wirklich kein leichter Name, ich war auch nicht sonderlich gekränkt), der spricht uns jetzt den Abu Hassan vor!«

Das reichte: »Nein, der geht jetzt nach Hause«, und ich verließ den Raum.

Der alte Starka folgte mir auf den Fersen. Immerhin liefen gerade zehn Prozent eines möglichen Zwei- oder Dreijahresvertrages aus dem Zimmer. »Herr Marecek (er sprach wenigstens meinen Namen richtig aus, naja, keine Kunst, wenn man Starka heißt), das können Sie doch nicht machen! Die Herren sind extra wegen Ihnen da!«

(Natürlich gelogen!)
»Herr Starka, an einem Theater, dessen Intendant glaubt, dass der Muley Hassan aus dem *Nathan* ist, und der drei Minuten später glaubt, er heißt Abu Hassan, habe ich nichts verloren!«
Ein junger, schlanker, eleganter Mann stand im Vorzimmer und schaute mich kopfschüttelnd an als wäre ich ein Geistesgestörter. Das war Starkas Assistent – und niemand geringerer als der spätere Direktor der Wiener Staatsoper, Ioan Holender! Aber ich betrat die frühsommerliche Mariahilfer Straße mit einer Erleichterung, als ob ich eben erfahren hätte, dass ich nicht zum Militär muss!

Dann kam das Stück, das alles schlagartig veränderte: *Wie ein Ei dem anderen.* Dieter Berner, Wolfgang Quetes, Werner Prinz und ich waren ein eingespieltes Keller-Quartett, das schon in der Courage mit *Der kleine Malcolm und sein Kampf gegen die Kastraten* erfolgreich gewesen war. Dieter Berner hatte dieses herrliche Stück *Wie ein Ei dem anderen* gefunden. Es ist die Geschichte von zwei schwulen Männern, die zusammenleben. Einer wird schwanger und bekommt ein Kind – das Stück zeigt, wie die Gesellschaft auf dieses unerhörte Ereignis reagiert. Es gab damals noch diesen unseligen, mittelalterlichen Homosexuellen-Paragraphen. Das Thema war uns allen daher ein politisches Anliegen, und ich spielte den Schwangeren.
Wir mieteten uns ein Theater, den Keller im Savoy in der Himmelpfortgasse, und spielten auf Teilung. Ich weiß nicht, welche jugendliche Unbefangenheit uns zu dieser riskanten Unternehmung schreiten ließ – aber wir taten

es. Und es zahlte sich aus. *Wie ein Ei dem anderen* wurde der Schlager der Saison. Wir erhielten alle Preise, spielten monatelang ausverkauft – und bei der ersten Teilung stellte sich heraus, dass für jeden von uns 500,– Schilling Abendgage übrig blieben! Nach den 40,– Schilling pro Abend wenige Monate davor war das wie eine Hollywood-Gage.
Am Tag nach der Premiere läutete ununterbrochen das Telefon. Theaterdirektoren! Und alle sprachen meinen Namen richtig aus! Gewonnen hat Franz Stoß. Einige Wochen später schloss ich mit ihm einen Dreijahresvertrag ab, kam am Abend ins Savoy, und dort stand auf meinem Spiegel mit Lippenstift – Franz Josef Degenhardt zitierend – geschrieben:

Spiel nicht mit den Schmuddelkindern, Quetes, Prinz und Berner,
Geh doch an die Josefstadt, mach's wie Oskar Werner!!!

Das war natürlich als Scherz gemeint: Wir blieben die alten Freunde, nur – gespielt haben wir nie wieder miteinander! Bei aller Liebe und Freundschaft empfanden sie es doch als unverständlich reaktionären Schritt, das herrliche freie Leben im »Keller« gegen eines als »Fixangestellter« an der Josefstadt einzutauschen.

Vor wenigen Wochen übrigens stand neben mir in einer Apotheke in München eine ältere, sehr nette Dame, sah mich von der Seite an, zögerte kurz, und dann traute sie sich: »Ich bin seit vielen Jahren ein Fan von Ihnen. Ich habe Sie in Ihrer ersten Rolle gesehen. Vor dreißig Jahren. *Ich und mein Ei!*« Die Apothekerin beäugte mich misstrauisch. Wahrscheinlich glaubte sie, ich wäre in meiner Jugend in einer Sex-Revue auf der Reeperbahn aufgetreten. Und schob mir leicht angewidert mit gespreizten Fingern meine Kopfwehpulver über den Ladentisch.

Theaterdirektoren und Regisseure

»Der Zweck des Theaters ist das Theater.«

Max Reinhardt
(Schauspieler, Regisseur, Theaterdirektor)

»Das Geld in der Theaterkasse ist nicht das Geld an sich, sondern der Mann dahinter, der es ausgegeben hat, um im Theater etwas zu erleben.«

Gustaf Gründgens
(Schauspieler, Regisseur, Theaterdirektor)

Geschichten aus der Josefstadt oder: Aller Anfang ist leicht

Mein Josefstadt-Engagement begann mit einem regelrechten Marathon. 5. Mai: Probenbeginn *Der lachende Apfel* (Regie: Ernst Waldbrunn), 15. Juni: Premiere; 16. Juni: Probenbeginn *Schmetterlinge sind frei* (Regie: Peter Loos); während der Proben jeden Abend *Der lachende Apfel* – jeden Samstag und Sonntag Doppelvorstellungen; 25. Juli: Premiere *Schmetterlinge sind frei;* 26. Juli: Probenbeginn *Bunburry;* während der Proben – wie gehabt – jeden Abend *Schmetterlinge sind frei* mit Doppelvorstellungen an den Wochenenden; 2. September: Premiere *Bunburry.*

Als ich dann am 3. September bei Peter Beauvais für *Vivat Vivat Regina* einsteigen sollte, habe ich gestreikt. Beauvais war mir deswegen jahrelang böse, doch hatte ich kein schlechtes Gewissen – immerhin spielte ich in den ersten zehn Monaten meines Engagements 284 Vorstellungen.

Eigentlich sollte ich mein fixes Engagement am 1. September 1971 antreten. Ich hatte als Gast an den Kammerspielen mit Ulla Jacobsson *Einmal im Jahr* gespielt, war aber dann von Fritz Zecha für eine Spielzeit nach Graz engagiert worden. Es war kein besonders erfreulicher Abschnitt in meinem Leben. Als erste Rolle spielte ich den Aufidius in Brechts *Coriolan* mit Frank Hoffmann als Coriolan.

Zecha »kupferte« die Ostberliner Aufführung einfach ab. Zumindest versuchte er das. Einmal sagte er auf einer Probe zu mir: »Junge!« (Er war zwar Wiener, hatte aber lange in Hannover gearbeitet und kannte *Theater heute* auswendig.) »Junge, du denkst einfach nicht dialektisch!« Als ich darauf sagte: »Das kann ich mir nicht vorstellen, denn ich bin einer der besten Dialektschauspieler Wiens«, hat er nicht gelacht, sondern mich für einen Trottel gehalten.

Dann erklärte er mir, wie man Brecht spielt: »Brecht ist … Brecht ist …«, und dabei stampfte er dreimal mit dem rechten Fuß auf. Allerdings dialektisch. (Apropos Bert Brecht: Mein Freund Heinz Reincke sagte einmal zu mir: »Brecht hatte vier Schüler, allein in Wien arbeiten davon elf!«)

In der Art ging es dann weiter, ich spielte noch *A unhamlich starker Abgang*, eine Uraufführung des Autors Harald Sommer – er sollte ganz unerwartet zehn Jahre später wieder in meinem Leben auftauchen –, sowie eine Offenbach-Operette. Ich war heilfroh, dass mein Jahresengagement schon im April endete, weil in der Josefstadt eine Rolle auf mich wartete.

Um der Wahrheit die Ehre zu geben, muss ich hier allerdings sagen, dass Zecha einige Jahre später *Kasimir und Karoline* an der Josefstadt mit mir als Kasimir inszenierte und sich in einen behutsamen Zuhörer und Ratgeber verwandelte. Ein Jahr später spielte ich unter seiner Regie *Der Unmensch* am Volkstheater – auch hier war es wiederum eine ungetrübte Zusammenarbeit. Menschen verändern sich halt, mehr kann ich dazu nicht sagen. Vielleicht war es auch nur die Position des Direktors, die ihm in Graz zu Kopf gestiegen war. So etwas soll es ja geben.

Als Direktor des Theaters in der Josefstadt regierte damals Franz Stoß, der wahrscheinlich längst dienende Theaterdirektor der Geschichte. Er war, bis er 1977 im Alter von

68 Jahren in Pension ging, 43 Jahre lang Theaterdirektor an verschiedenen Häusern. Und er war ein sehr spezieller Typ. Ich war mit ihm zwar nie so befreundet wie mit Ernst Haeusserman, aber wir hatten ein sehr gutes Arbeitsverhältnis, und ich inszenierte während seiner Direktionszeit sehr viel.

Stoß ist natürlich nicht einfach in Pension gegangen, sondern er spielte nach 1977 eine ganze Reihe von Rollen auf der Bühne der Josefstadt. Immer, wenn er das tat, war es dann sein Wunsch, dass ich das Stück inszenierte. So haben wir *Das lebenslängliche Kind* von Erich Kästner, *Eins, zwei, drei* und *Das Veilchen* von Ferenc Molnár gemeinsam gemacht und auch für *Die Kinder* von Hermann Bahr zusammengearbeitet.

Aber eigentlich will ich erzählen, wie es überhaupt zu meiner ersten Inszenierung an der Josefstadt gekommen ist. Ich war ein Jahr als Schauspieler engagiert, als ich zu Beginn eines neuen Spieljahres ins Direktionsbüro hinaufging und zu Franz Stoß sagte: »Herr Professor, ich möchte gerne ein Stück inszenieren.«

Das hört sich so unkompliziert an, aber um die Situation wirklich nachvollziehen zu können, muss man wissen, dass man zum Stoß ja nicht einfach hinging. Es war eher so wie der Termin bei einem Sektionschef – der Mann hatte etwas Ärarisches an sich.

Auf meinen Wunsch hin fragte er mich, ob ich denn, bitte schön, ein Stück hätte.

»Nein, ein Stück habe ich nicht.«

»Ja, da müssen S' ein Stück suchen, nicht? Müssen S' ein Stück suchen! Dann werden wir schauen, ob Sie das inszenieren können, aber zuerst ist es ein Stück!«

Also begann ich Stücke zu lesen, sehr viele Stücke, und ich stieß auf ein Stück, das mich ungeheuer gefesselt hat. Es hieß *Boys in the Band* und ist die Geschichte einer schwulen Geburtstagsparty.
Das Stück beginnt fast hysterisch, überhitzt amüsiert, aber im Laufe der Handlung zeigen sich immer differenzierter die Probleme, die Schwierigkeiten, die Leiden der einzelnen Charaktere. *Boys in the Band* ist ein sehr berührendes und psychologisch sehr feines Stück.
Ich habe mich also in dieses Stück verliebt. Eines Tages sagte ich Franz Stoß, dass ich ein Stück gefunden habe, dass es *Boys in the Band* heißt und dass ich es unbedingt inszenieren möchte.
Da der Stoß ein großer und vor allem sehr schneller Stückeleser war, hat er es auch sofort gelesen und mich am nächsten Tag angerufen: »Ja, bitte, Herr Marecek, warum wollen Sie denn das inszenieren, diesen sentimentalen Käs'? Das ist Alt-Heidelberg auf schwul.«
»Nein, das ist doch ein hinreißendes Stück«, wandte ich ein.
»Hören S' mir auf, das ist doch ein sentimentaler Käs'!«
Etwas später fand ich heraus, dass Franz Stoß, der nicht Englisch konnte und verblüffenderweise auch relativ stolz darauf war, das Stück in einer schrecklichen deutschen Übersetzung gelesen hatte. Auch ich las diese Übersetzung – da hieß das Stück *Die Gratulanten* – und kam drauf, dass sie nicht nur fehlerhaft war, sondern dass bei der Übertragung ins Deutsche auch der Witz verloren gegangen war. Dort, wo es im Original wirklich berührend wird, wurde es in der deutschen Fassung kitschig.
Also rief ich wieder den Stoß an: »Herr Professor, ich habe

jetzt die deutsche Übersetzung gelesen – die ist ja schrecklich! Das Stück ist im Original wesentlich besser!«
»Ja, bitte, Herr Marecek, ich kann es ja nicht auf englisch spielen, oder?«
»Nein, das nicht, aber ich könnte es doch neu übersetzen.«
»Ja, also bitte, wenn Sie wollen? Ich sage Ihnen aber gleich, das ist Ihr Privatvergnügen! Geld habe ich dafür keines!«
Also habe ich mich hingesetzt und das Stück in sechs oder acht Wochen neu übersetzt.
Als Stoß die neue Übersetzung gelesen hatte, rief er mich wieder an.
»Ja, Herr Marecek! Ich gebe zu, das Stück ist wesentlich besser. Nur spielen muss ich es immer noch nicht.«
»Na gut«, gab ich klein bei, »dann werden wir es halt nicht spielen.«

Wir hatten damals als drittes Haus ein Kellertheater im Konzerthaus, wo genau hundert Zuschauer Platz hatten. Einige Wochen nach der Absage, vielleicht waren es auch einige Monate, rief mich eines Morgens die Sekretärin von Franz Stoß an und fragte, ob ich am nächsten Tag um 9 Uhr früh beim Professor sein könnte. Natürlich konnte ich.
Stoß kam gleich zur Sache. »Herr Marecek, Sie wollen noch immer dieses *Boys in the Band* inszenieren?« Dabei sprach er *Band* wie das deutsche Wort Band aus.
Zustimmendes Nicken meinerseits.
»Also, passen Sie auf, wir machen das!«
»Wieso jetzt auf einmal? Das Stück hat Ihnen doch nie wirklich gefallen.«
»Ja, Herr Marecek. Aber Sie wissen, ich bin in erster Linie

Kaufmann, nicht? Ich habe mir das ausgerechnet: Wir spielen das im Konzerthauskeller, dort gehen genau hundert Leute hinein.«
»Na und?«
»Naja« sagte Stoß drauf, »schauen Sie: Wien hat, na sagen wir 1,6 Millionen Einwohner, davon sind die Hälfte Männer, das sind 800 000. Von den 800 000 sind vorsichtig geschätzt sieben Prozent schwul, das sind 56 000. Ja, Herr Marecek, wenn jeder zehnte von den warmen Brüdern hineingeht, bin ich 56 Mal ausverkauft!«

Diese Geschichte ist ein Beweis dafür, mit welch subtilen Überlegungen Stücke auf den Spielplan eines Wiener Theaters kommen. Allerdings lief das Stück dann monatelang in einem ausverkauften Haus – also hatte er sich bei seiner Kalkulation doch irgendwo verschätzt. Dafür hatte ich von dieser Zeit an wirklich *plain pouvoir* bei ihm und durfte mir in der Folge Stücke und Besetzungen aussuchen.

Natürlich war ich nicht immer einer Meinung mit Franz Stoß. Oft kam es zu Meinungsverschiedenheiten. Wenn man ihm zum Beispiel ein Stück von Neil Simon oder von Alan Ayckbourn gebracht hatte, lautete sein Kommentar: »Ja, also bitte, das sind Sitten fremder Völker!«
Er war in seinem Stückeverständnis tatsächlich sehr limitiert – oder zumindest hielt er die Auffassungsgabe seines Abonnementpublikums für ziemlich limitiert. Wahrscheinlich hatte er in gewisser Hinsicht sogar recht gehabt damit, aber es wäre natürlich schon eine Aufgabe gewesen, den Horizont des eigenen Abonnements ein bisschen zu erweitern.

Stoß hatte eine überragende Eigenschaft, die am Theater fast vollkommen verloren gegangen ist: Das Publikum stand in all seinen Überlegungen an erster Stelle. Oder mit anderen Worten: Die Auslastung des Theaters galt bei ihm als Gradmesser für Erfolg oder Misserfolg eines Stückes.

Nun kann man das vielleicht, wenn man es sehr streng beurteilt, als eine anbiedernde Eigenschaft betrachten oder als einen zart »hurösen« Touch. Aber man darf dabei nicht vergessen, dass die Josefstadt sehr, sehr viel einspielen musste, um mit den vorhandenen Subventionen über die Runden zu kommen. Das gelang ja einigen Direktoren vor Stoß nicht, auch wenn sie einen – sagen wir – künstlerisch wertvolleren, einen avantgardistischeren oder einen mutigeren Spielplan hatten.

Bei Franz Stoß war es immerhin so, dass man sicher war, am Ersten des nächsten Monats seine Gage zu bekommen. Sein Gradmesser war also der Erfolg, waren die Menschen, die in der Früh an der Kassa standen, um sich Karten zu sichern, war die Anzahl der Briefe, in denen sich die Menschen um ein Abonnement bewarben.

Franz Stoß war wirklich sehr, sehr publikumsorientiert. Während der Proben zu einem unserer gemeinsamen Molnár-Stücke erzählte er mir, wie Ferenc Molnár den Unterschied zwischen Erfolg und Misserfolg am Theater definierte: »Bei Erfolg strickt Souffleuse, bei Misserfolg strickt Kassierin.«

Von Molnár stammt übrigens auch der schöne Ausspruch: »Schlechteste Jahreszeit für Theater ist Frühling, Sommer, Herbst und Winter.«

Die berühmte »Josefstadt-Familie«, von der so oft die Rede war, gab es tatsächlich. Man ging familiär-herzlich miteinander um, trank im Konversationszimmer morgens gemeinsam Kaffee, um sich dann unauffällig, oft die Kaffeeschale noch in der Hand, Richtung Bühne zu bewegen, ohne dass sich auf der Probe der Ton wesentlich verändert hätte. Nicht weil die Schauspieler schon im Konversationszimmer so unnatürlich redeten, sondern auf der Probe so natürlich!

Selbstverständlich konnten sich einige nicht riechen, manche sprachen kaum miteinander, obwohl sie sich bereits seit dreißig Jahren kannten oder vielleicht gerade deswegen – also ganz genau so wie in einer richtigen Familie.

Als sich Hans Holt einmal auf einer Probe weigerte, seinen Hut auf einen Tisch zu legen, mit der Begründung »Sei mir nicht bös', aber das kann meine Frau nicht leiden!«, nickte der Regisseur – der Frau Holt natürlich kannte – durchaus verständnisvoll. Dann wurde gemeinsam für den Hut ein Platz gesucht, der bei Frau Holt keinen Anstoß erregen würde.

Ich fand diesen Kompromiss ziemlich befremdlich. Doch der Regisseur hat mir das später einleuchtend erklärt: »Schau, wenn der Hut auf dem Tisch Frau Holt irritiert, dann wird er sicher viele Damen im Publikum irritieren. Sie werden ihre Nachbarin fragen: ›Wieso legt der den Hut auf den Tisch? Das tut man doch nicht!‹ Dann werden sie darüber reden – und schon haben sie zehn wichtige Sätze auf der Bühne versäumt!«

Der Geist aller ehemaligen »Familienmitglieder« schwebte durch das Haus wie durch ein schottisches Schloss, über allen natürlich der Geist Max Reinhardts. Viele hatten den »Professor« ja noch persönlich gekannt oder sogar mit ihm gearbeitet. Der alte Mann in der Telefonzentrale, Herr Horvath, war Reinhardts ehemaliger Chauffeur, dem er sogar einmal das Leben rettete, als sich bei einer Fahrt über die Dolomiten ein Rad vom Wagen löste und Horvath das Auto geistesgegenwärtig in Richtung einer steil ansteigenden Seitenstraße verriss, wodurch es stehen blieb. Und später war Herr Horvath der Chauffeur Otto Premingers – dieser war mit 28 Jahren der jüngste Direktor, den das Haus je hatte, bevor er nach Hollywood ging. Reinhardts Chauffeur war ein sprudelnder Quell von Geschichten. Leider ist nicht eine einzige dabei, die sich auf Grund ihres Inhaltes für den Druck eignen würde. Aber ich habe Tränen gelacht! (Und sollte ich Sie irgendwo einmal alleine treffen, erzähle ich sie Ihnen – vielleicht.)

Auch von allen anderen längst verstorbenen Tanten und Onkeln wurde ständig erzählt. Nach einem Jahr wusste ich von »Toni« Edthofer, Helene Thimig, »Gustl« Waldau und Heinz Hilpert so viele Geschichten, dass ich das Gefühl hatte, ich hätte sie alle selbst gekannt.
Vor einiger Zeit drehte ich eine Fernsehproduktion mit einigen jungen Kollegen. Alle waren so um die Mitte zwanzig, begabt, intelligent, einer sympathischer als der andere. Als ich in einer Drehpause eine Geschichte von Martin Held erzählte, sahen mich alle fragend an: »War das ein Schauspieler?« Wahrscheinlich habe ich in diesem Augenblick die Idee geboren, dieses Buch zu schreiben.

Auch ich hatte ja den Kainz nicht mehr erlebt, aber ich wusste mit zwanzig, wie er gesprochen hatte; ich wusste, wie Bassermann »Butler, Butler, du bist mein beeser Dämon« gespielt hatte, kannte »Novemberwind, Novemberwind, …« von Moissi, »Variationen zum Text« von Max Pallenberg und unzählige Passagen meines großen Idols Werner Krauss. Ich hatte nie dieses seltsame »Vor mir die Sintflut«-Syndrom, dass Theater erst heute und jetzt beginnt und alles davor »zum Vergessen« ist. Im Gegenteil! Ich war immer der Meinung: Es ist zum Erinnern! Nicht, um es nachzumachen, auch nicht, um es zu konservieren. Schon gar nicht, um es zu verklären. Nein, sondern ganz einfach: um zu wissen! Aus Neugier! Wer was wo und vor allem wie gespielt hat.
Diese Neugier fand an der Josefstadt reiche Nahrung.
Bei jeder Kollegin oder bei jedem Kollegen, wo ich diesbezüglich »anklopfte«, fand ich reiche Beute. Eduard Sekler (»ältester aktiver Schauspieler der Welt«, wie er sich gerne vorstellte – wahrscheinlich mit Recht, er war damals einiges über neunzig Jahre alt) hatte bei der deutschen Erstaufführung von *Liliom* an der Josefstadt mit Josef Jarno und Hansi Niese den jungen Hollunder gespielt. Er erzählte mir ausführlich von den kleinen Anweisungen, die Molnár den Schauspielern bei den letzten Proben gegeben hatte. (Ich kam 1971 ans Haus – die *Liliom*-Premiere hatte 1913 stattgefunden!)

Das zweite große Phänomen dieses Theaters war seine »Unverwechselbarkeit«. Nicht, dass alle Vorstellungen dort immer gut gewesen wären. Natürlich nicht! Wo sind sie das schon? Es gab – wie an jedem anderen Theater auch – glänzende Abende, es gab mittlere Vorstellungen, und es gab Abende, über die man wahrscheinlich am besten den Mantel des Schweigens breiten sollte. Aber die Vorstellungen, die dort stattfanden, konnten eben nur dort und nirgendwo anders stattfinden! So wie man an der Josefstadt den *Schwierigen* spielte, konnte man das Stück an keinem anderen Theater der Welt sehen. Und das Publikum unten wartete jeden Abend auf »seine« Schauspieler. Auf den Waldau, den Edthofer, die Degischer, die Almassy, den Rudolf …, und wenn sie dann endlich auftraten, ging ein zufriedenes Raunen durchs Haus.

Als der große Theatermann Heinz Hilpert – er war zuvor Direktor des Deutschen Theaters in Berlin gewesen – im Oktober 1938 seine Josefstadt-Direktion mit *Wie es euch gefällt* eröffnete, gab er einige Tage vor der Premiere einer Wiener Zeitung ein Interview, in dem er Folgendes sagte: »Vor allem möchte ich über eines jeden Zweifel ausschließen: die Übernahme des Josefstädter Theaters durch mich, einen Norddeutschen, wird niemals eine Berliner Invasion in das Wiener Theaterleben darstellen; viel eher könnte man die Zusammensetzung meines Ensembles am Deutschen Theater als Folge einer Wiener Invasion nach Berlin bezeichnen. Ich habe mir seit Jahren schon eine Anzahl österreichischer Künstler geholt, und gerade diese vielen österreichischen Darsteller gaben für mich den Ausschlag, schließlich auch das Josefstädter Theater zu übernehmen. Wien besitzt nämlich nicht nur die so oft zitierte musikalische Atmosphäre, sondern auch eine höchst charakteristische theatralische. Und zwar kommt diese von alters her durch den unendlich feinen Takt zum Ausdruck, mit dem sich der Übergang von der Menschlichkeit zur Gestaltung vollzieht. Nirgendwo anders vollzieht sich das Geheimnis der Verwandlung aus den Bezirken des Privaten in die der Bühnenfigur mit so viel Ungezwungenheit, Zartheit und Selbstverständlichkeit wie in Wien.«

Also sprach Heinz Hilpert im Oktober 1938 – ein halbes Jahr nach dem »Anschluss«! Ein großer, couragierter Mann, dem das Kunststück gelang, während seiner ganzen Direktionszeit bis 1945 kein einziges »Tendenzstück« zu spielen, der dafür aber 1943, anlässlich des Todes von Max Reinhardt in der Emigration in New York, eine Feier für die Schauspieler abhielt. Die Theaterpolitik Hilperts erregte so sehr das Missfallen Josef Goebbels', dass dieser die Josefstadt ein »KZ auf Urlaub« nannte!

Hilpert glaubte an ein österreichisches Theater, und er liebte es.

Warum dieses österreichische Theater heute ständig versucht, etwas anderes zu imitieren, ist eines der vielen Rätsel der »österreichischen Seele«, die ja bekanntlich ein »weites Land« ist. Uns wird von einigen selbst ernannten Experten des Theaters ständig versichert, dass ausschließlich deutschen Regisseuren mit deutschen Schauspielern »heute gültige« Schnitzler-Interpretationen gelingen. Wohingegen es natürlich absolut unvorstellbar ist, dass ein österreichischer Regisseur mit österreichischen Schauspielern in Berlin eine »gültige« *Hauptmann von Köpenick*-Inszenierung macht. Von Sternheim will ich gar nicht reden!

Mir ist jeder Nationalismus zutiefst zuwider, und der des eigenen Landes am meisten! Am Theater hat er schon gar nichts zu suchen. Die Frage »deutsch oder österreichisch«

war auch vor Claus Peymann (Begründer eines seltsamen theatralischen Rassismus: hie Deutsche, dort »Ösis«) am österreichischen Theater völlig uninteressant. Es gab gute Schauspieler und schlechte – woher sie kamen, war egal. (Krauss, Balser, Gobert, Reincke, Hoffmann waren erklärte Lieblinge des Wiener Publikums; Hugo Thimig, der Stammvater dieser wienerischsten aller Theaterfamilien, kam aus Dresden.) Aber dieses völlige Verleugnen einer eigenen theatralischen Identität ist doch eine etwas übertriebene Demutsgeste!

Vielleicht ist diese Ambivalenz zwischen: »Mir san mir!« und »Was soll ma denn machen? Mir san doch sooo klan!« der seltsame Humus, auf dem die österreichische Neurose so herrlich blüht und ihren – in des Wortes wahrster Bedeutung – betörenden Duft verbreitet!

Otto Schenk
oder: Wenn's am Theater menschelt

»Kinder, der Schenk ist da!«, hieß es bei uns zu Hause, wenn der umwerfend komische Würstelmann mit der unverwechselbaren Ritardando-Diktion in *Heiße am Samstag* im Fernsehen auftauchte.

An einem Freitagnachmittag im Oktober 1964 hieß es dann wieder »Kinder, der Schenk ist da!«, und zwar auf den Gängen des Max-Reinhardt-Seminars. Was dann in den nächsten zwei Stunden passierte, ist uns seit Konrad Lorenz als »Prägung« bekannt: Jener irreversible Vorgang nämlich, bei dem ein frisch geschlüpftes Küken das erste Wesen, dessen es ansichtig wird, als Mutter akzeptiert und mit ihm eine lebenslängliche Bindung eingeht. Ich, der »frisch Geschlüpfte«, wurde in diesen zwei Stunden unwiderruflich auf ein »Menschentheater« geprägt.

Die Vorlesung hieß zwar »Dramatischer Unterricht«, hätte aber genauso gut »Einführung in die Verhaltensforschung« oder »Psychopathologie des Alltagslebens« heißen können. Es stellte sich heraus, dass der komische Würstelmann ein ungemein gebildeter, belesener und kunstsinniger Feuergeist war, den die Lust am Beobachten und die Leidenschaft, das Beobachtete weiterzuerzählen, ans Theater verschlagen hatte.

Wie verhalten sich Menschen in bestimmten Situationen? Wie verraten sich innere Zustände? Wie versuchen Menschen diese Zustände zu verbergen? Wie gut oder schlecht lügen sie? Wann und warum werden sie ungeschickt? Wie verändert sich ihre Haltung, wenn sie allein sind oder sich unbeobachtet fühlen? …

Auf all diese Fragen gab er Antworten, spielte sie so überzeugend und einleuchtend, dass ich ständig hinaufrufen wollte: »Genau!« – »Richtig!« – »So ist es!«
Ich tat es aber nicht, sondern saß nur mit weit aufgerissenen Augen und Ohren (wahrscheinlich auch mit weit offenem Mund) da und – bewunderte! Bewundern ist ja, wie eingangs schon bemerkt, die erste Phase jeder künstlerischen Tätigkeit. Dann kommt die Phase der Nachahmung – die habe ich, weiß Gott, auch nicht übersprungen – und zuletzt, wenn man Glück hat, eine künstlerische Eigenständigkeit.

Ich durfte in seinem *Kaufmann von Venedig* statieren und ihn bei der Arbeit mit den Großkatzen Kortner und Paryla beobachten, spielte mit ihm im Fernsehen Ostrowski, Shakespeare und Molnár und ... Dann war er eines Tages weg. Verschwunden. Die Opernbühnen der Welt hatten den »Menschenmacher« verschlungen. Dirigenten verlangten ihn als Regisseur, Sänger rissen sich darum, mit ihm zu arbeiten, wurden unter seiner Führung zu entfesselten Commedia-dell'arte-Schauspielern, froren, wenn sie Angst hatten, wurden ungeschickt, wenn sie liebten, weinten in der Wut und lachten im Schmerz.
Seine *Fledermaus* wurde zur Mutter aller Fledermäuse, die Eisensteins, Rosalinden und Frösche der Welt gaben sich gegenseitig seine Regieanweisungen weiter, aber auch die Danilos, die Sächse und die Marschallinnen. Verdi, Mozart, Wagner, Puccini und Strauß – ihnen waren die vielleicht prallsten, dynamischsten und kräftigsten Jahre gewidmet.
Der Schauspieler Otto Schenk kam in diesen »Baal-Jahren« sicher zu kurz; all die Rollen, die man nur mit 35

oder mit 40 spielen kann, waren nur gelegentliche Ausflüge des viel gefragten Opernregisseurs.
Dann veränderte sich das Theater. Menschen wurden durch Kunstfiguren ersetzt, ein »Zimmer« auf der Bühne war reaktionär, es wurde chiffriert, und die »Produktivitätsgrenzen des dekonstruktiven Ästhetizismus« wurden ausgelotet – das Wort stammt aus keinem Woody-Allen-Film, das heißt wirklich so!
Der Menschenmacher wurde von Theatermachern abgelöst. Plötzlich hieß es: »Bei Schenk menschelt's wieder!« – Den Sinn dieses kryptischen Verdikts habe ich nie verstanden. Was denn sonst soll es am Theater, wenn nicht menscheln? Hundeln? Außerdem hieß es: »Bei Schenk kratzen sich immer alle.« Auch das ist nicht wahr! Seine Marschallinnen haben sich zum Beispiel nie gekratzt – nicht einmal am Kopf. Dabei dürften sie das wirklich – man weiß doch, wie es unter so einer Rokokoperücke zugegangen ist! Nicht einmal seine Carmen hat sich gekratzt, und die hätte doch wirklich jedes Recht der Welt gehabt, sich zu kratzen. Schließlich arbeitet sie den ganzen Tag in einer Zigarettenfabrik in Spanien, sie ist verschwitzt und hat überall Tabakkrümel picken.
Ich war immer der Meinung, dass sich die Schauspieler bei Schenk zu wenig kratzen! Es wäre vielleicht für einen Studenten der Theaterwissenschaft eine interessante Aufgabe, dieses wirklich lohnende Studium mit folgender Doktorarbeit zu krönen: *Das Kratzen bei Schenk. Eine Analyse an Hand zweier ausgewählter Fallstudien, in welchen sowohl aus methodischer als auch aus phänomenologischer Perspektive gezeigt wird, wie sich das Kratzen im Frühwerk von jenem im Alterswerk Otto Schenks sowohl hinsichtlich der Frequenz als auch der Intensität unterscheidet.*

Alle kratzen sich! Gene Hackman kratzt sich, Dustin Hoffman, Robert De Niro, Woody Allen (der überhaupt) – und jeden Abend gehen Millionen Menschen ins Kino und schauen ihnen beim Kratzen zu. Sie gehen nicht nur des Kratzens wegen hin, sie gehen hin, weil sie Menschen sehen wollen, und Menschen kratzen sich halt.

Aber dem Film – der letzten Bastion, wo Schauspieler so tun dürfen, als wären sie lebende Menschen – stand Schenk ein Leben lang skeptisch gegenüber, weil er bei jedem Drehbuch die traurige Erfahrung machen musste, dass es literarisch doch nicht so wertvoll war wie *Joseph und seine Brüder*.

Also ging Schenk auf die Menscheninsel des Theaters in der Josefstadt zurück, von wo aus er seinerzeit in die Welt gezogen war, wurde ihr Gouverneur, und die Insel blühte und gedieh ...

Das ist die eine Seite des Otto Schenk, die ihm viel Erfolg beschieden hat. Doch wir wollen auch die andere nicht vergessen. Immer wieder geht er in seine Bibliothek, packt die Aktentasche voll mit Büchern und zieht über die Lande. »Kinder, der Schenk ist da!« Und sie kommen zu Tausenden, erfahren, welch ein Vergnügen Literatur sein kann. Er liest Morgenstern, Ringelnatz, Polgar, Roda Roda und Chiavacci. Die vielleicht älteste, ursprünglichste Form des Theaters: das Theater der griechischen Rhapsoden, der Sänger des Mittelalters, der orientalischen Märchenerzähler. Mit dem Ergebnis, dass *Der Bumerang* heute wahrscheinlich von mehr Österreichern auswendig gekannt wird als die erste Strophe der Bundeshymne. Schenk und sein Publikum sind zu einem Amalgam verschmolzen, ergeben eine Legierung, um deren Unzerstörbarkeit ihn die Metallurgen der Welt beneiden könnten.

Otto Schenk verdanke ich eine Fülle von Anekdoten, in denen er immer wieder die Hauptrolle spielte. Einige davon will ich hier erzählen.

Vor mehr als dreißig Jahren inszenierte Schenk in Zürich. Dazu muss man wissen, dass Schenk in seiner Jugend ein äußerst schneidiger Autofahrer war. Vom Reinhardt-Seminar in der Penzinger Straße zur Staatsoper brauchten wir nie mehr als fünf Minuten – obwohl damals auf der Mariahilfer Straße noch die Straßenbahn fuhr und sich bei jeder Station eine Verkehrsinsel befand.
Schenk fuhr mit einer Geschwindigkeit, die ansonsten ausschließlich Blaulichtbenützern vorbehalten ist, an all diesen Verkehrsinseln links vorbei, nicht ohne mir, der mit weißen Knöcheln im Beifahrersitz klebte, den väterlichen Rat zu geben: »Du darfst nie rechts fahren – das hält schrecklich auf!«

Genauso ist er zu dieser Zeit mit einem gemeinsamen Freund in Zürich unterwegs gewesen und hat einen Zürcher Straßenkameraden brutal geschnitten. Der ist ihnen nachgefahren, so lange, bis er sie überholen konnte. Dann stellte er sein Auto quer zur Fahrbahn, stieg aus, sah das Wiener Kennzeichen an Schenks Auto und begann auf »Züri-Dütsch« einen langen Vortrag, wie man in der Schweiz Auto fährt und was man in der Schweiz alles nicht tun darf.
Otti hing wie ein alter, todmüder Orang-Utan über seinem Lenkrad und hörte sich regungslos, mit schweren Lidern, den langen Vortrag geduldig an. Als der Mann endlich fertig war und zu seinem Auto zurückgehen wollte, beugte sich Schenk aus dem Auto und sagte:

»Entschuldigung, ich hätte noch eine Riesenbitte an Sie!«
»Ja, bitte?«
»Wenn Sie zufällig den Wilhelm Tell treffen – er soll mich am Arsch lecken!«
Gab Gas und ließ den verdutzten Eidgenossen stehen.

Als wir einmal im alten Sieveringer Atelier – unfassbar, dass dieses wunderschöne Gelände, auf dem drei Viertel aller österreichischen Nachkriegsfilme entstanden sind, nicht mehr existiert – gemeinsam drehten, forderte mich Schenk auf, mit ihm Mittag zu essen. »Ich treffe dort einen Filmproduzenten, das ist mir schrecklich fad. Außerdem habe ich ihn schwer in Verdacht, ein unglaublicher Trottel zu sein. Komm mit!«
Der Filmproduzent kam und versuchte Schenk zu einem gemeinsamen Projekt zu überreden. Schenk wollte nicht, antwortete einsilbig und abweisend, der Produzent wurde immer feuriger. Dann sagte er den lebensgefährlichen Satz: »Schauen Sie, Herr Schenk, wir von der österreichischen Filmindustrie …« Weiter kam er nicht. Schenk unterbrach ihn: »Haben Sie jetzt gesagt, wir von der österreichischen Filmindustrie? Das kommt mir so vor als ob jemand sagen würde: Wir von der Titanic.«

Unsere letzte gemeinsame Arbeit war *Pottasch und Perlmutt* an den Kammerspielen. Es ist die Geschichte zweier New Yorker Textilhändler, die sich eher schlecht als recht durchs Leben kämpfen, ständig am anderen was auszusetzen haben, aber in der Tiefe ihrer Herzen sehr aneinander hängen.
Bei einer ihrer zahlreichen Streitereien hätte Schenk zu

mir sagen sollen: »Wenn ich nicht ganz genau wüsste, dass du in der Tiefe deines Herzens nicht so ein mieser Bocher bist, sondern nur ein Vollidiot, ich würde unseren Gesellschaftsvertrag zerreißen und ihn dir ins Gesicht werfen!«
Zugegeben, kein ganz einfacher Satz. Eines Tages war es dann soweit. Schenk begann wütend: »Wenn ich nicht genau wüsste … eh … eh … was du für ein Riesentrottel bist … ich … ich … ich würde mir das Hemd ausziehen und es dir in die Ohren stopfen!«
Die Gemeinheit dabei war, dass Pottasch (den Schenk spielte) mit diesem Satz abgeht und den traurigen Perlmutt (den ich spielte) allein auf der Bühne zurücklässt. Nun ist Trauer gewöhnlich nicht schwer zu spielen – doch an diesem Abend war sie es. Vor allem, weil mein Freund seine Variation selber so komisch fand, dass ich sein unterdrücktes Glucksen hinter der Bühne hören konnte, während ich verzweifelt versuchte, ein trauriges Gesicht zu machen.

Mein erstes Autogrammfoto. Um 1970

Unter der Regie meines Freundes Samy Molcho spielten wir im Theater der Courage Ephraim Kishons »Trauschein«. 1967

Eine meiner ersten Fernsehrollen: »Die Frau im Fenster« (Regie: Axel Corti). Um 1972

In den Kammerspielen inszenierte Ernst Waldbrunn »Lauter liebe Leute«, ein Lustspiel von Horst Pillau, in dem ich mich vom Hippie zum smarten Geschäftsmann verwandelte. 1972

Auf der dritten Bühne der Josefstadt, im Konzerthauskeller, spielte ich mit Ludwig Hirsch im »Büchsenöffner« von Victor Lanoux. 1974

Mein Debüt an der Josefstadt:
»Einmal im Jahr« von Samuel Taylor in den Kammerspielen.
Hier eine Szene mit Senta Wengraf und Hans von Borsody.
1970

Mit Fritz Muliar und Ludwig Hirsch war ich der »Einjährig Freiwillige Marek« in der TV-Produktion des »Braven Soldaten Schwejk«. 1973

Als Kasimir in Ödön von Horváths »Kasimir und Karoline« mit Marianne Nentwich als Erna und Elisabeth Danihelka als Karoline an der Josefstadt. 1975

Gegenüber: An der Volksoper spielte ich sowohl in Leonard Bernsteins »West Side Story« (oben; 1968) – hier kam mir meine turnerische Vergangenheit zugute – als auch in Jerome Kerns »Showboat« (mit Marilyn Zschau, unten; 1971).

Als Komponist in einer TV-Produktion von Ferenc Molnárs »Veilchen« unter der Regie von Otto Schenk. 1977

Gegenüber oben: »Baba, Burschi« – der außerplanmäßige Sat gerichtet an Ernst Waldbrunn in Oscar Wildes »Bunburry« an d Josefstadt (1970), brachte mich ganz schön in die Bredouill

Gegenüber unten: Hier hielten wir uns an Shakespeares Tex »Wie es euch gefällt« an der Josefstadt, scharf beobachtet v Sylvia Manas, Kurt Sowinetz und Marianne Nentwich. 197

Ernst Haeusserman oder: Am Stammtisch

Onkel sind – im besten Fall – wunderbare Geschichtenerzähler und wichtige Lehrmeister. Mein wichtigster Onkel in dieser Hinsicht, mein Lieblingsonkel sozusagen, war Ernst Haeusserman.

Haeusserman war Direktor der Josefstadt, als ich als junger Schauspieler an diesem Theater engagiert war. Wir freundeten uns rasch an. Ich liebte ihn auch deshalb so sehr, weil er den schnellsten Witz hatte, den ich je bei einem Menschen kennen lernte. Er ließ keine Gelegenheit aus, um dieses Talent auszuleben, auch dann nicht, wenn es ihn selbst betraf. Das hat ihn so sympathisch und so liebenswürdig gemacht: dass er auch Geschichten, in denen er selbst als der Dumme dastand, mit genau der gleichen Leidenschaft erzählte, wie Geschichten, die andere betrafen.

Womit der Beweis erbracht ist, dass er nicht nur Witz hatte, sondern auch Humor – denn der Humor unterscheidet sich vom Witz dadurch, dass er auch die eigene Person einschließt.

Haeusserman hatte eine weitere wunderbare Gewohnheit, nämlich die, einen Stammtisch zu führen. Dieser Stammtisch fand jeden Abend statt – von September bis Juni in verschiedenen Lokalen Wiens. Zuerst war das jahrelang die Linde, dann sperrte die Linde zu, und wir mussten das Lokal wechseln. Im Juli und im August trafen wir uns in Salzburg am Stammtisch.

Der einzige Abend, an dem es keinen Stammtisch gab, war der 24. Dezember. Dieser Stammtisch fiel aber auch

nur deshalb aus, weil das Lokal geschlossen war. Wäre es offen gewesen, hätte Haeussermans Stammtisch mit Sicherheit auch an diesem Tag stattgefunden.
Dieser Stammtisch war eine ganz besondere Einrichtung. Erstens wusste man jeden Tag nach der Vorstellung, wo man hingehen konnte, um Freunde und Kollegen zu treffen – denn der Haeusserman-Stammtisch wurde von vielen Kollegen mit Lust und Freude angenommen. Auch Kollegen aus Deutschland, die am Burgtheater oder an der Josefstadt gastierten, wussten, schon lange bevor sie nach Wien kamen, dass es hier einen Stammtisch gab, wo man jeden Abend hingehen konnte.
Allabendlich fanden sich zwischen zehn und fünfundzwanzig Menschen am Stammtisch ein. Es wurde vom Beruf geredet, es wurden Geschichten erzählt, es wurden Witze gemacht – es war meistens ein ausgesprochen vergnüglicher Ausklang des Tages und sehr oft sogar sein Höhepunkt.
Als junger Schauspieler spielte ich monatelang in den Kammerspielen in der Rotenturmstraße en suite, und der Stammtisch fand damals in der Linde statt, die sich ebenfalls in der Rotenturmstraße befand, nur wenige Meter von den Kammerspielen entfernt.
Da saßen sie alle. Einmal der Regisseur Leopold Lindtberg, einmal der legendäre Schauspieler Ernst Deutsch, einmal Bruno Kreisky, sehr oft Curd Jürgens. Es kam, wenn er in Wien war, der berühmte Psychiater Friedrich Hacker. Immer wieder traf man Paul Blaha an dem Tisch, Paul Hoffmann – viele Kollegen von der Josefstadt und der Burg waren am Stammtisch Ernst Haeussermans allabendlich zu Gast.

Die Linde in der Rotenturmstraße zeichnete sich auch dadurch aus, dass hier ein wunderbarer Kellner jeden Abend seinen Dienst versah: Herr Lehner war ein Ober wie aus einem Bilderbuch, mit weißem Haar, einem kleinen Embonpointscherl – will heißen, dass er um die Leibesmitte nicht gerade einer Sanduhr glich – und mit einem etwas speckigen schwarzen Anzug samt Weste. In der hinteren Hosentasche trug er einen ebenso speckigen Lederfleck, seine Kellnerbrieftasche, hinter dem Ohr steckte ein Bleistift; leichte Plattfüße hatte er auch, und er war ein lebenskluger Mann – insgesamt also eine Erscheinung, wie man im Film einen Wiener Oberkellner darstellen würde.

Ernst Haeusserman hat täglich dreimal zu Abend gegessen: Zuerst um zehn Uhr, wenn er zum Stammtisch kam, danach ein zweites Mal ungefähr um Mitternacht, und meistens hat er sich dann um halb zwei Uhr nachts noch ein unterarmlanges, getoastetes Schwarzbrot mit einem Zentimeter Butter und drei Zentimeter dicken Salamischeiben bringen lassen – das war der Abschluss. Hinuntergespült hat er die drei Mahlzeiten mit einer Flasche Wodka.

Ernährt hat sich Haeusserman übrigens hauptsächlich von Fleisch und Teigwaren. An einem Sommerabend trafen wir uns in Salzburg, und er erzählte mir, dass er mittags bei Herbert von Karajan eingeladen war: »Da habe ich etwas gegessen, das ich seit meiner Kindheit nicht mehr gegessen habe ...«

»Was denn?« fragte ich ihn.

»Obst!«

Aber zurück zum Stammtisch in der Linde. Der Ober Lehner hat eines Tages Ernst Haeusserman als erste Speise des Abends ein Gulasch gebracht – und für das Gulasch war die Linde berühmt. Doch Haeusserman nahm nur einen Bissen, rief sofort den Ober Lehner und sagte: »Herr Lehner, das Gulasch stinkt!«
Daraufhin sagte der Ober Lehner entrüstet: »Herr Professor, das ist unmöglich, wir haben heute siebzig Portionen verkauft, und es wurde allgemein sehr gelobt.«
Dann entwickelte sich folgender Dialog:
Haeusserman: »Das mag schon sein, aber das Gulasch stinkt.«
Ober Lehner: »Das ist unmöglich.«
Haeusserman: »Herr Lehner, das Gulasch stinkt!«
Ober Lehner: »Herr Professor, das gibt es nicht!«
Haeusserman: »Herr Lehner, kosten Sie's!«
Dann sagte der Ober Lehner diesen herrlichen Satz, mit dem er das ganze Schicksal seines Berufes subsumierte: »Jetzt bin ich seit fünfzig Jahren Ober, und immer, wenn den Leuten etwas nicht schmeckt, sagen sie: ›Herr Lehner, kosten Sie's!‹ Einmal möcht' ich erleben, dass einer sagt: ›Hmm, das ist gut, Herr Lehner! Das müssen S' kosten!‹«

Ich habe vorhin schon erwähnt, dass der Witz des Ernst Haeusserman ungeheuer schnell war. Hier ein Beispiel dafür: Wir probierten in der Josefstadt das Stück *Das Konzert* von Hermann Bahr, und zwar für eine Amerika-Tournee. Um zehn Uhr war Probenbeginn und Marianne Nentwich, die die Delfine Jura spielte – ich spielte Dr. Jura –, noch nicht da. Haeusserman und ich standen auf der Bühne und warteten. Es wurde zehn Uhr, es wurde

fünf Minuten nach zehn, und die ansonsten überaus pünktliche Marianne Nentwich war nicht da.
Plötzlich stürzte der Theaterportier auf die Bühne: »Herr Professor, der Mann von der Frau Nentwich hat gerade angerufen, sie kommt ein bisserl später, weil sie die Stiegen runter geflogen ist.«
Darauf Haeusserman: »Das versteh' ich nicht, da müsste sie ja ein bisserl früher kommen.«

Wir fuhren dann mit diesem Stück tatsächlich nach New York, allerdings nicht in die Stadt, sondern in den Staat New York. An diversen Universitäten und Theatern spielten wir *Das Konzert* und *Sechs Personen suchen einen Autor* von Luigi Pirandello.
Diese Vorstellungen waren, wie soll man sagen, nicht immer gerade ausverkauft. Eines Tages saßen wir – irgendwo in Buffalo – vormittags im Zuschauerraum, um eine Lichtprobe abzuhalten. Dazu muss man wissen, dass Ernst Haeusserman nicht nur Obst und Gemüse verabscheute, sondern auch noch eine dritte Sache: frische Luft. Wo er sich aufhielt, musste immer alles ganz luftdicht verschlossen sein. In seinem Büro hingen schwere Samtvorhänge, und der Raum war nicht nur im Winter, sondern auch im Sommer überheizt.
Verständlich, dass Haeusserman in den USA unter den Klimaanlagen litt, die überall auf vollen Touren liefen.
Da probierten wir also in dem Zuschauerraum, und es pfiff uns eine besonders stark eingestellte Aircondition um die Ohren. Haeusserman saß mit aufgestelltem Mantelkragen und tief in die Stirn gezogenem Hut ein wenig missmutig da und wandte sich zu mir mit den Worten: »Also, das einzige, was in dem Land nicht zieht, ist unser Stück.«

Kehren wir in die Josefstadt zurück, wo ich *Die gefesselte Phantasie* inszenierte. Kurz zuvor hatte ich fürs Fernsehen gearbeitet und dabei eine ganz junge, eine zauberhafte Schauspielerin kennen gelernt, von der ich sofort überzeugt war: Sie war die Idealbesetzung für die Phantasie.
Haeusserman war skeptisch und fragte, ob denn die junge Dame singen könne. Also, ob sie singen konnte, das wusste ich nun auch nicht. Die Frage war allerdings berechtigt, schließlich hat die Phantasie zwei Couplets zu singen.
So rief ich »meine« Neuentdeckung an, es war Michaela Rosen, und fragte sie: »Michi, wie ist denn das mit dem Singen?«
Ja, das könne sie gut, hat sie gemeint, und sie würde es auch gerne tun und freue sich schon auf Singen.
Das teilte ich dem Haeusserman mit, doch der war noch immer nicht restlos überzeugt und schlug ein Vorsingen vor.
Also organisierte ich ein Vorsingen, und einige Tage später saßen wir, Haeusserman und ich, unten im Zuschauerraum. Oben ein Klavier mit einem Klavierspieler, und Michaela Rosen trat auf und sang als erste Darbietung das Lied des Conférenciers aus Cabaret »Willkommen, Bienvenu, Welcome«. Nach den ersten drei Takten hat sich Haeusserman zu mir gedreht und gesagt: »A leise Minnelli.«

Ernst Haeussermans Witz kannte keine Grenzen, es ging ihm um den Witz als Selbstzweck. Er war gnadenlos, aber er konnte nicht anders, hatte keine Möglichkeit, dieses Talent zu unterdrücken.
So saßen wir beispielsweise eines Abends in der Linde. Herein kam der Kronenzeitungskolporteur und mit ihm

die große Schlagzeile auf der Titelseite: *Wer gab Befehl zum Attentat auf Papst?* In großen Lettern stand dort zu lesen, dass der Attentäter den Papst mit zwei Bauchschüssen verletzt habe. Haeusserman überflog den Text und meinte: »Naja, jetzt wird er Schwierigkeiten haben mit dem Heiligen Stuhl.«

Vor der Karlskirche in Wien wurde Calderóns *Das Leben ein Traum* aufgeführt, eine barocke Allegorie, in der die Armut und die Sünde und die Wollust und weiß Gott wer noch aller auftreten. Angelika Hauff vom Burgtheater spielte die Welt. Die Vorstellungen fanden nachmittags statt, am Abend kam Haeusserman zum Stammtisch, und ich fragte ihn, wie denn das heute vor der Karlskirche war, dieser Calderón?
Darauf er: »Weißt du, die Welt ist schon schlecht, aber so schlecht wie die Hauff ist sie auch wieder nicht.«

Die folgende Geschichte hat sich kurz nach dem relativ beeindruckenden Erdbeben zugetragen, das Anfang der siebziger Jahre in und um Wien für einige Aufregung gesorgt hat. Es gab damals eine Frau, die jeden Abend am Stammtisch war. Es war Gretl Kralik, die Witwe des Musikkritikers Heinrich Kralik. Gretl Kralik war ein kleines, immer schwarz gekleidetes, spinnenähnliches, verhutzeltes Weibchen mit einer schnarrenden Stimme. Von den übrigen Stammtischmitgliedern wurde sie nicht besonders gemocht, weil sie über alles geschimpft hat. Wenn Gretl von einer Theateraufführung gekommen war, schimpfte sie über das Stück, wenn eine der anwesenden Damen den Tisch verlassen hatte, schimpfte sie über deren Garderobe. Es gab nichts, woran sie ein gutes Haar ließ.

Dieses Verhalten ist für die Witwe eines Kritikers verständlich. Möglicherweise hatte sie das Gefühl gehabt, sie müsse das Geschäft ihres Mannes weiterführen. Doch am Stammtisch war sie deshalb wenig gelitten.
Eines Tages kam ein sehr wienerisches Thema aufs Tapet, nämlich, wer wo und zu welcher Gelegenheit sterben wird oder sterben möchte. Jeder hat sich also ausgemalt, wie er sich das vorstellt, und wo und wie er es am liebsten hätte. Gretl Kralik, die sehr horoskopgläubig war, sagte, dass sie ganz genau wüsste, dass sie bei einem Erdbeben zugrunde gehen werde – das ginge eindeutig aus ihrem Horoskop hervor.
Da sagte Haeusserman: »Liebe, verehrte gnädige Frau, da wäre doch vor zwei Wochen eine wunderbare Gelegenheit gewesen.«

Es gibt einen prominenten Mann des Wiener Kulturlebens – da er noch unter uns weilt, sei sein Name verschwiegen –, der berühmt dafür ist, ein geradezu notorischer Lügner zu sein. Und für alle Prominenten des Wiener Kulturlebens, die sich jetzt fragen »Meint der mich?« sei beruhigend hinzugefügt: »Nein, nicht Sie! Sie lügen ja so wie wir alle. Im Notfall. Gelegentlich. Wenn es halt gar nicht anders geht!« Der Betreffende aber lügt ständig. Aus Weltanschauung sozusagen.
Hat er zu Mittag Tafelspitz gegessen, und fragt man ihn danach, sagt er Kalbsgulasch. Einfach so. Aus Gewohnheit. Ohne erkennbaren Gewinn. Von ihm geht die Mär, er würde so sehr lügen, dass er sogar dem Taxilenker eine falsche Wohnadresse angibt und einen kleinen Fußmarsch in Kauf nimmt, um ja nicht die Wahrheit sagen zu müssen.

Eines Abends rief Haeusserman diesen Mann zu Hause an und erhielt von dessen Frau die Auskunft, dass er sich gerade im Bad befände. Haeusserman legte den Hörer auf und sagte zu den Umsitzenden: »Er lügt gerade in der Badewanne!«

Ernst Haeusserman war neben seiner Funktion als Direktor des Burgtheaters und später als Direktor der Josefstadt auch viele Jahre im Direktorium der Salzburger Festspiele und als solcher natürlich auch für die Besetzungen bei den Festspielen verantwortlich. Eines Sommers spielte man *Faust I* mit Attila Hörbiger als Faust und Will Quadflieg als Mephisto. Um es kurz zu machen: Faust war nicht gerade eine der stärksten Rollen des von mir ungeheuer verehrten Attila Hörbiger.
Haeusserman und Leopold Lindtberg, der Regie führte, entschieden sich schließlich dafür, die Rolle des Faust umzubesetzen. Für *Faust II* im nächsten Jahr wollten sie sich Thomas Holzmann holen – das stand natürlich irgendwann in der Zeitung.
Als Attila Hörbiger das las, rief er Ernst Haeusserman an und sagte: »Also, Ernstl, wir zwa san jetzt amal bös, weil dass i in der Zeitung lesen muss, dass der Holzmann den zweiten Faust spielt, des is net notwendig. So wie wir zwa miteinander stengan – des häst ma du wirklich selba sagn könnan. Servas!« Und hat aufgelegt.
Einige Wochen später kam Haeusserman auf einem schmalen Gang des Burgtheaters die doch eher breite Silhouette Attilas entgegen. Haeusserman, der nie ein Freund von Konfrontationen war, suchte die rettende Tür, um dieser Begegnung zu entgehen. Aber es war zu spät, Attila Hörbiger hatte ihn bereits erspäht und auch

gleich bemerkt, dass Haeusserman sich verdünnisieren wollte. Also rief er über den Gang: »Ja, Ernsterl, was verdruckst dich denn so? Bist leicht hab auf mi?«
Haeusserman: »Na, ich bin net hab auf di, aber du auf mi.«
Da sagte Attila: »I auf di? Warum soll i auf di hab sein? Ah, du manst weg'n dem *Faust II?* Geh hör auf, i hab' das inzwischen g'les'n.«

Von allen Onkeln fehlt mir Ernst Haeusserman am meisten. Und nicht nur mir. Wann immer im Gespräch mit Kollegen sein Name fällt, bricht gewöhnlich eine mit einem wehmütig gelächelten »Mein Gott, weißt du noch, wie er ...« eingeleitete Haeusserman-Viertelstunde an.
Es gab kein Problem, das auf einer Probe oder in einer Vorstellung auftauchte, für das ihm nicht blitzschnell eine mögliche Lösung eingefallen wäre. Es gibt ein wunderbares Buch von Karl Popper, das den Titel *Alles Leben ist Problemlösen* trägt – ich glaube so hätte Ernst »Theaterdirektor« definiert.

Viele Missverständnisse haften an seinem Namen: »Zauderer«, »Lavierer«, »feig«, ein »Kompromissler«, der nirgendwo anecken wollte, der versuchte, es allen recht zu machen. Alles zum Teil richtig, aber: die Beweggründe für sein Verhalten waren Klugheit, Einsicht und eine oft schamhaft überspielte Güte.
Natürlich war er kein »Krieger des Theaters« – er war dessen Diplomat! Man erwartet ja auch von einem UN-Generalsekretär nicht, dass er herumbrüllt, alle Menschen beleidigt und dabei ständig mit Rücktritt droht – so, wie eben manche Theaterdirektoren ihren Beruf ausüben.

Haeusserman sah seine Funktion anders. Er wollt nie mit dem Kopf durch die Wand. (Wozu auch? Es gibt doch Türen!)
Er respektierte die Existenz des Unmöglichen – ohne aber je aufzuhören, die Elastizität des Möglichen zu untersuchen! Er wusste, wie schwierig der Umgang mit den dünnhäutigen, impulsiven und leicht verletzbaren Menschen war, mit denen er täglich zu tun hatte. Er wollte nach Möglichkeit Kränkungen vermeiden. Und war daher im Umgang mit diesen Menschen – behutsam!
Ich habe ihn in unzähligen Begegnungen nicht ein einziges Mal laut werden gehört, nie barsch oder grob. Nicht einmal unhöflich! (Für einen Theaterdirektor eine äußerst ungewöhnliche Eigenschaft.)
Seine Waffe – und sein Schutz – war sein Witz.
Er verabreichte ihn wie eine Medizin: Als wir zu einem Amerika-Gastspiel flogen, setzte er sich im Flugzeug neben mich, weil er wusste, dass ich panische Flugangst hatte. Irgendwo über dem Atlantik, ein Geräusch hatte mich offenbar gerade sichtlich irritiert, sagte er: »Schau, und wenn wirklich was passiert, stehen wir auf der Titelseite!« Mit dieser tröstlichen Aussicht flog ich beruhigt Richtung New York.
Was kann sich ein Schauspieler schon mehr wünschen!

Die ein bis zwei Dutzend Kollegen, die sich täglich an seinem Stammtisch einfanden, kamen nicht, weil sie auf »Jobsuche« waren und sich durch häufige Besuche eine Rolle erhofften, sondern weil sie ihn wirklich gern hatten. Weil er ein unglaublich amüsanter Mann war, der mit seinem großen Wissen und seiner umfassenden Bildung nie protzte, sie aber immer wieder pointiert-ironisch aufblitzen ließ.

Als mich sein Stellvertreter und interimistischer Nachfolger Heinrich Kraus am Morgen des Pfingstmontags 1984 anrief und mir mitteilte, dass Haeusserman – »nach langem leichten Leiden« wie er selber noch wenige Tage vor seinem Tod am Telefon mit heiterer Noblesse gescherzt hatte – in der Nacht gestorben war, wusste ich, dass ich nicht nur einen Freund verloren hatte, sondern dass auch ein wesentliches Stück meines Theaterlebens vorbei war.

Fritz Kortner oder: Marotten eines Giganten

Ein anderer, leider nur seltener Gast am haeussermanschen Stammtisch war der große Fritz Kortner. In seiner Jugend war er einer der aufregendsten Schauspieler des deutschen Theaters, nach seiner Rückkehr aus dem amerikanischen Exil der wahrscheinlich bedeutendste Regisseur des deutschen Theaters der fünfziger, sechziger und siebziger Jahre.

Wer mit Kortner arbeiten durfte, lernte ihn als unerbittlichen Kritiker kennen. Jede kleinste ausgemachte Bewegung, jede Pause, jeder Blick musste auf den Millimeter so sein, wie er das wollte, andernfalls unterbrach er sofort. Kortner probierte schon damals – ganz unüblich für diese Zeit – sehr lange, viel länger als alle anderen. Die Resultate waren allerdings auch dementsprechend gut.

Kortner kam also gelegentlich zum Stammtisch, und er war wegen seines scharfen, zum Teil zynischen Witzes einigermaßen gefürchtet. Damals inszenierte er *Emilia Galotti* an der Josefstadt, vorher am Burgtheater Ibsens *John Gabriel Borkmann.*

Wenn Kortner an einem seiner freien Abende in die Linde kam, dann war das immer ein besonderes Ereignis, weil man sicher sein konnte, dass er die eine oder andere Pointe abschießen würde.

Als Kortner das erste Mal – oder zumindest eines der ersten Male – in die Linde kam, nahm er gleich den schon erwähnten Ober Lehner auf die Schaufel. Er rief ihn zu sich und sagte: »Herr Lehner, ich hätte gerne eine große

Portion Rechtschreibfehler.« Worauf der Ober Lehner antwortete: »Herr Kortner, das haben wir nicht.« Darauf Kortner: »Wieso? Die Karte ist voll davon!«

Was sein Urteil über Schauspieler oder über Theateraufführungen betraf, war Kortner ebenfalls gefürchtet. Denn oft genug fiel dieses Urteil unerbittlich aus. Ich erinnere mich, dass er eines Tages wegen irgendwelcher Besprechungen nach Hamburg fuhr und die Zeit dort nützte, um abends ins Theater zu gehen. Als er zurückkam, meinte er: »Ich war jetzt ein paar Tage in Hamburg und habe mir dort einige Vorstellungen angeschaut. Also jetzt weiß ich, warum die Hamburger ein Theater haben.«
»Warum?« fragte ich ihn.
»Damit die Seeleute auch an Land was zum Kotzen haben.«

Von Fritz Kortners Scharfzüngigkeit blieb niemand verschont. Wenn Kollegen vom Burgtheater kamen, dann mussten sie damit rechnen, von Kortner Dinge zu hören wie: »Ach, Sie kommen vom Burgtheater? Das ist doch dieses Theater, wo der Weg zum Souffleurkasten so ausgetreten ist.«
Als er mit Helmut Lohner einmal *Kabale und Liebe* inszenierte – Helmut Lohner spielte den Ferdinand –, sagte er: »Herr Lohner, bitte, denken Sie doch einmal das, was Sie sagen. Man wird Ihnen deswegen nicht gleich die österreichische Staatsbürgerschaft entziehen.«
Bei dieser Produktion kam es übrigens auch zu jener Situation, in der er zu Lohner sagte: »Herr Lohner, bitte, wenn Sie ›Scham und Ekel‹ sagen, dann klingt das aus Ihrem Mund immer wie eine jüdische Firma.«

Für eine seiner Inszenierungen hat Kortner einen Bühnenbildner gesucht. Aber es sollte nicht einfach ein Bühnenbildner sein, sondern einer, der mit leichter Hand zu skizzieren in der Lage war, eine graphische Begabung eben mit räumlichem Vorstellungsvermögen.
Es gab einen wunderbaren Bühnenbildner, der diese Kriterien erfüllte, und das war Stefan Hlawa. Dieser war ein graphisch begabter Mann mit sehr viel Witz in seinen Bildern. Aber Hlawa war nicht nur ein begnadeter Zeichner und Bühnenbildner, sondern auch ein begnadeter Trinker. Er lebte in Dürnstein in der Wachau, wo er in seinem Arbeitszimmer einen Geheimgang hatte, der direkt in die Weingärten und zu den Kellern der Winzer führte. Zu seiner Frau sagte er, dass er jetzt arbeiten ginge. Dann schloss er sich in sein Atelier ein – um sofort durch die Geheimtür zu verschwinden. Bis zu seinem Tod wusste nicht einmal seine Frau etwas von diesem Geheimgang, der ihn direkt zum Saft der Reben führte.
Dieser Stefan Hlawa wurde dem Kortner von Ernst Haeusserman empfohlen. Haeusserman organisierte ein Rendezvous zwischen den beiden im Hotel Sacher. Als Kortner an diesem Abend an den Stammtisch kam, knurrte er bloß: »Der Haeusserman hatte mir für heute einen Bühnenbildner versprochen – gekommen ist der Liebe Augustin.«

Ich selbst bin dem kortnerschen Beschuss auch nicht entgangen, und das trug sich so zu: Am Stammtisch wurde diskutiert, welche Prügel einem von Intendanten, von Politikern und vom Schicksal überhaupt immer wieder zwischen die Beine geworfen würden. Ich saß als junger Spund dabei und sagte ganz frech: »Qualität setzt sich durch!«

Da sah er mich mit seinen großen schwarzen Augen an und sagte: »Das ist falsch. Der richtige Satz lautet: Auch das Gute hat eine Chance.«

Meine erste Begegnung mit Kortner lag damals schon einige Jahre zurück. Es war im Jahr 1969, als ich gerade das Reinhardt-Seminar abgeschlossen hatte und an einem Wiener Kellertheater spielte. Da erfuhr ich, dass Fritz Kortner für das Fernsehen unter der Regie von Otto Schenk den *Kaufmann von Venedig* spielt. Ich war natürlich längst ein glühender Fan Kortners, also rief ich Otto Schenk an. Ich sagte ihm, dass ich gehört hätte, was er mit Kortner produziert, und dass ich unbedingt dabei sein möchte. Schenk sagte, dass es ihm leid täte, aber die Produktion sei voll, alle Rollen besetzt. Also fragte ich, ob ich denn nicht wenigstens zuschauen könnte. Das lehnte Schenk ab, denn Kortner verabscheute Zuschauer beim Erarbeiten eines Stücks. Also schlug ich vor, dass ich ja vielleicht statieren könnte.
Ich hatte Schenk weichgeklopft. Er versprach mir, mit Peter Weiser – mit ihm hat er die Shakespeare-Bearbeitung gemacht – zu reden, damit er mir irgendeine kleine Rolle hineinschreibt: »So einen Edelstatierer, damit es nicht ganz so sinnlos ist. Aber wenigstens hat das den Vorteil, dass du dann immer ins Studio kannst. Du ziehst einfach gleich dein Kostüm an und setzt dich ins Studio und kannst so jeden Tag zuschauen.«
Gesagt, getan. Peter Weiser und Otto Schenk schrieben für mich zwei Statistenrollen in den *Kaufmann* hinein. Einmal hatte ich am Markt einen Obstverkäufer zu spielen, der Melonen wie einen Ball am Zeigefinger rotieren lässt. Das konnte ich tatsächlich. Die andere Rolle, die sie

mir hineingeschrieben hatten, war aufwändiger. Bevor es zur großen Gerichtsverhandlung zwischen Shylock und Antonio kommt, versammeln sich in dem Gerichtssaal viele Venezianer, und einer davon – meine Rolle – sollte ein Fanatiker sein, der sich auf Shylock stürzt und ihn verprügeln möchte.

Abgespielt hat sich das folgendermaßen: Fritz Kortner kam und sagte: »Passen Sie auf, Sie sehen mich da so kommen, Sie sehen mich mit dem Käppi, mit dem Kaftan, mit den Pejes, also all diesen Dingen, die Sie ja privat wahrscheinlich auch nicht sehr gerne haben …«

»Herr Kortner, das geht jetzt ein bissl zu weit …«

»Also gut … dann *spielen* Sie das halt. Passen Sie auf, jetzt haben Sie eine Sorge, nämlich dass der böse Jude diesen Prozess gewinnen könnte. Sie stürzen sich also auf mich, Sie würgen mich – aber realistisch, keine Scheu vor dem alten Mann, werfen Sie mich zu Boden und dann treten Sie mich. Aber, bitte, machen Sie das wirklich realistisch. Sie müssen keine Angst haben. Mir tut man nicht so leicht weh.«

Also gut, da habe ich ihn also genommen, habe ihn gewürgt – sehr realistisch –, zu Boden geworfen und getreten – alles so realistisch wie möglich. Als Kortner sich wieder aufgerappelt hatte, sagte er: »Das mit dem Treten, das ist vielleicht gar nicht so gut. Also, Sie würgen mich nur, aber bitte realistisch. Ja, würgen Sie mich und werfen Sie mich hin.«

Also habe ich ihn gewürgt und hingeworfen. »Das mit dem Werfen, das ist vielleicht … das ist auch gar nicht realistisch, dass man jemanden, den man würgt, auch noch hinwirft. Nein, nein, Sie versuchen einfach, mich zu erwürgen. Das ist viel besser.«

Kaufmann von Venedig, die Dritte. Er kommt in den Gerichtssaal, ich stürze mich auf ihn und würge ihn so lange, bis die Wachen mich von ihm weg reißen. Kortner nach diesem Versuch: »Nein, eigentlich ist das auch nicht so gut ...« Das Ende der Geschichte war, dass Kortner ungefähr fünf Meter entfernt an mir vorbeiging. Ich hatte in meinem Stiefel ein Messer stecken, griff nach diesem Messer und zückte es, um mich mörderisch auf ihn zu stürzen. Als ich ungefähr vier Meter von ihm entfernt war, waren schon zehn Gerichtssaalwachen da und hielten mich zurück. Ich kam überhaupt nicht mehr dazu, ihn zu berühren. Aber es war alles sehr realistisch.

Dank der Tatsache, dass ich bei dieser Produktion eine Rolle hatte, durfte ich vom ersten Tag an auch an den Besprechungen teilnehmen. Die allererste Besprechung – Fritz Kortner war überhaupt noch nicht da, er kam erst einige Tage nach Probenbeginn – fand mit den Kameraleuten, mit den Toningenieuren, mit dem Regieassistenten usw. statt. Otto Schenk, der Kortner nicht nur geliebt, sondern ihn unglaublich verehrt hatte, eröffnete diese erste Besprechung mit folgendem Satz: »Über eines müssen wir uns von vorne herein klar sein: In all den Szenen, wo der Kortner spielt, führt er Regie, und ich bin Assistent. Und in den Szenen, wo er nicht spielt – ist es genauso.«

Als der alte Kortner eines Tages im Flugzeug von München nach Wien saß, begann sein Nachbar, ihn plötzlich sehr interessiert zu betrachten, beugte sich immer wieder vor und schaute Kortner zweifelnd ins Gesicht. Das wurde dem Kortner irgendwann unangenehm, er rückte ein Stück weg und wandte sich ab. Plötzlich sagte Kort-

ners Sitznachbar: »Sie sehen ihm so ähnlich, aber Sie können's ja nicht sein. Wissen Sie, meine Frau ist ein großer Fan vom Fritz Kortner, und Sie sehen ihm so unglaublich ähnlich. Aber das ist unmöglich, das gibt's ja nicht, dass Sie das …, der Kortner ist ja schon lange tot.«
Daraufhin meinte Kortner: »Sagen Sie Ihrer Frau, Kortner lebt. Aber sagen Sie es ihr bald.«

Kortner war berühmt dafür, dass er mit geradezu druckreifen Sprüchen aufwarten konnte. So gab es eines Tages einen großen Streit zwischen ihm und seinem Bühnenbildner, dem berühmten Wolfgang Znamenacek, der Kortners *Minna von Barnhelm* an den Münchner Kammerspielen ausgestattet hatte. Ein Teil dieses Bühnenbildes war eine Récamiere im Zimmer der Minna. Nach vier oder fünf Wochen Proben hat sich Fritz Kortner entschieden, diese Récamiere wegzugeben, was sich Znamenacek nicht einfach gefallen ließ: »Nein«, sagte er, »nein, diese Récamiere bleibt.«
Kortner, stur: »Nein, also die Récamiere kommt weg!«
Der Zna – so wurde er gerufen – ebenfalls stur: »Nein, die Récamiere ist Teil meines Konzepts, sie gehört dort hin.«
»Nein, die Récamiere kommt weg.«
»Die Récamiere bleibt!«
»Nein, die Récamiere kommt weg!«
»Wenn die Récamiere weg ist, dann bin ich auch weg«, sagte Znamenacek – und verließ das Theater.
Daraufhin ließ der Kortner Hans Schweikart, den Direktor der Münchner Kammerspiele, rufen und erklärte ihm den Sachverhalt folgendermaßen: »Herr Direktor Schweikart! Ich habe eben Herrn Znamenacek in ruhigem Tone erklärt, dass diese Récamiere weg muss. Daraufhin hat

mich dieser größenwahnsinnige Kunstjüngling angeschaut wie einen Watussi, der eben im Begriff ist, einen echten Rembrandt aufzufressen, weil er ihn für Salat hält.«

Kortner war ungeheuer lärmempfindlich und verlangte auf der Probe absolute Ruhe. Als es ihm an den Münchner Kammerspielen auf der Bühne zu laut war, unterbrach er mit den Worten: »Was ist das für ein Lärm! Hier geht es ja zu wie bei den Hottentotten!«
Nach der Probe bat er dann das Ensemble auf die Bühne und sagte: »Meine Damen und Herren! Ich habe heute gesagt, es ginge hier zu wie bei den Hottentotten. Ich möchte mich gerne entschuldigen. Bei den Hottentotten.«

Kortners Dasein an den Münchner Kammerspielen war offenbar insgesamt nicht leicht. Was folgende Anekdote bestätigt: Fritz Kortner hätte an diesem Theater *Die Räuber* inszenieren sollen. Einige Zeit vor Probenbeginn erhielt er einen Anruf von der Sekretärin des Theaters: »Herr Kortner, es tut uns leid, aber aus Ihrer *Räuber*-Inszenierung wird nichts. Das Stück inszeniert Herr Intendant Schweikart selber.«
Darauf Kortner: »Sagen Sie dem Herrn Intendanten, ich hätte es auch selber inszeniert.«

Kortner wohnte viele Jahre lang in München. Vom Fenster seiner Wohnung hatte man einen traumhaften Blick auf etliche Münchner Kirchen. Ein Freund, der ihn besuchte, war von diesem Blick entsprechend beeindruckt: »Es ist sehr schön, wie du hier wohnst, und die

Aussicht ist wunderbar – und diese vielen schönen Kirchen, die man hier sieht!«
Kortners Antwort: »Ja, aber an den katholischen Reisetagen, da ist mir das sehr unangenehm, diese vielen Glocken.«
»Was sind die katholischen Reisetage?«
»Also, Christi Himmelfahrt, Maria Himmelfahrt …«

Eine letzte Kortner-Anekdote, die die Schlagfertigkeit des Meisterregisseurs einmal mehr unter Beweis stellt: Eines Tages wollte Kortner von einem jungen Schauspieler mit langer Haarpracht, dass er sich die Haare schneiden lässt. Der junge Kollege lehnte das rundweg ab: »Nein, das tue ich nicht. Außerdem gefällt es meiner Frau, so wie es ist.« Fritz Kortner gab natürlich nicht nach und argumentierte, dass lange Haare ein Zeichen von Dummheit seien.
Der Schauspieler dachte kurz nach und sagte: »Herr Kortner! Was ist mit Einstein? Der hatte ja auch lange Haare!«
»Ja«, meinte Kortner, »aber die langen Haare hatte er als Geiger und als solcher war er beschissen.«

Cziffra & Co.
oder: Theaterdirektoren und Regisseure aus Ungarn

Über die Ungarn am Theater oder über die Ungarn im Film könnte man ein ganzes Buch schreiben. Da gab es zum Beispiel den wunderbaren Direktor der Wiener Kammeroper, Gabor Janós – ein Original sondergleichen. Bei diesem Gabor Janós inszenierte ich eine kleine Oper, und zwar *Die Schwestern aus Prag* von Wenzel Müller. Unmittelbar davor hatte ich an der Volksoper den *Zigeunerbaron* inszeniert und war aus diesem Grund leicht chorgeschädigt.

Das kam so: Gewisse Chorgruppen kamen zwei Wochen lang jeden Tag pünktlich zur Probe, und plötzlich gab es eine Probe, an der zehn Chormitglieder teilnahmen, die ich noch nie in meinem Leben gesehen hatte, dafür waren zehn andere, vertraute nicht anwesend. Ich fragte also, was da passiert war. Die Antwort klang einigermaßen sonderbar: »Die anderen sind am Friedhof.«

Zuerst dachte ich, ein Chor-Bus sei verunglückt, bis sich herausstellte, »am Friedhof sein« heißt nichts anderes, als dass die von mir vermissten Chormitglieder dort bei Begräbnissen singen.

Wahrscheinlich schaute ich vollkommen verwundert drein, denn der Chorleiter führte mich in sein Büro und zeigte mir einen Plan, der ungefähr so groß war wie der Fahrplan der Österreichischen Bundesbahnen. Auf diesem Plan waren alle Chormitglieder vermerkt und auch, wann ihre Turnusse waren, um am Friedhof zu singen – denn das stellte einen ertragreichen Nebenverdienst für die Choristen dar.

Der langen Rede kurzer Sinn: Bei Begräbnissen zu singen, konnte man den Chorsängern nicht verbieten. Das war ein wohl erworbenes oder sogar verbrieftes Recht. Sie müssten in bestimmten Abständen probenfrei haben, um der lukrativen Nebenbeschäftigung nachzugehen.
Für einen Regisseur ist das nicht immer ganz einfach, aber irgendwie hat es beim *Zigeunerbaron* dann doch funktioniert. Trotzdem wollte ich diese Situation nicht unbedingt nochmals erleben. Also galt meine allererste Frage an Gabor Janós bei der allerersten Besprechung für *Die Schwestern aus Prag* dem Chor – in dem Stück gibt es zwar nur einen ganz kleinen Chor, vier Damen und vier Herren, aber immerhin einen Chor: »Herr Professor Gabór! Bevor wir von irgendetwas anderem reden: Ist es bei Ihnen auch so, dass der Chor jeden Tag auf den Friedhof geht?«
Darauf er mit einem Seufzen: »Schauen Sie, Herr Marecek! Dass der Chor jeden Tag auf den Friedhof geht, ist nicht so schlimm. Die Katastrophe ist, dass er immer wieder zurückkommt.«

Géza von Cziffra war ähnlich wie Fritz Kortner ein gefürchteter Mann – wegen seines gelegentlich sehr zynischen und scharfen Witzes sowie wegen seiner manchmal mehr als direkten Wortwahl. Außerdem war Cziffra auch nie sehr gut aufgelegt und saß immer mit einem etwas mieselsüchtigen Gesicht in seinem Regiesessel.
Einmal kam ein Mitglied seines Stabs vorbei und fragte: »Sag, Géza, warum bist du immer so schlecht aufgelegt?«
»Das ist komisch, die Leute glauben immer, ich bin schlecht aufgelegt, dabei denke ich nur nach.«
»Worüber denkst du denn nach?«
»Warum ich so schlecht aufgelegt bin.«

Eines der besten Beispiele für Géza von Cziffras unmissverständliche Ausdrucksweise ist folgende Geschichte: Er hätte einmal irgendwo im tiefsten Rumänien, in der Wildnis, wo es natürlich absolut keine Garantie für gewohnte sanitäre Verhältnisse gab, einen Film drehen sollen. Mit einer Begründung, deren Klarheit nichts zu wünschen übrig ließ, lehnte er ab: »Tut mir Leid, aber in einem Land, wo ich im Stehen scheißen muss, kann ich keinen Film drehen.«

Begonnen hat Cziffra als Drehbuchautor, was deshalb bemerkenswert ist, weil er sein Leben lang ein äußerst mangelhaftes Deutsch gesprochen hat. Irgend jemand fragte ihn einmal: »Géza, das verstehe ich nicht, wenn man so Deutsch spricht wie du, wie kann man da als Drehbuchautor arbeiten?«
Da sagte er: »Der Einfall ist von mir, für ›der, die, das‹ ist Sekretärin zuständig.«

Warum Cziffra so gefürchtet war, zeigt eine Anekdote, in deren Mittelpunkt Peter Alexander steht, der mehrere Filme mit ihm gemacht hat. In einem davon wollte Peter Alexander unbedingt eine Szene wiederholen, und Cziffra sagte: »Warum Sie wollen noch einmal? Na, schauen Sie, Herr Alexander! Die Szene ist sehr gut, wir gehen weiter!«
Doch Peter Alexander ließ nicht locker: »Aber, Herr Cziffra! Ich kann das wirklich besser, und das ist mir nicht so gelungen.«
»Ja, gut, sehr gut, bitte, sehr gut, gehen wir zum nächsten.«
»Nein, also bitte, Herr Cziffra …«
Peter Alexander bettelte jedenfalls so lange, bis Cziffra die

Szene noch einmal drehen ließ. Aber dabei rief Cziffra mit dem Megaphon übers Gelände: »Bitte, meine Damen und Herren! Auf besonderen Wunsch von Herrn Alexander wir drehen die Szene noch einmal. Aber, bitte, Herr Alexander, seien Sie nicht zu gut in der Szene, sonst passt sie nicht zu den übrigen.«

Die folgende Geschichte hat die Legende von Cziffra als bösem Menschen begründet. Géza von Cziffra drehte einen Film mit einem einarmigen Aufnahmeleiter, der ihm vom ersten Moment an auf die Nerven ging. Die Arbeit begann schon einigermaßen schwierig: Am ersten Drehtag gab es Krach, am zweiten Drehtag gab es Krach, und am dritten Drehtag hat Cziffra den Aufnahmeleiter hinausgeworfen.

Nun stand man also ohne Aufnahmeleiter da und suchte fieberhaft Ersatz. Unglücklicherweise waren in Berlin gerade zwölf Filme in Produktion, und alle Aufnahmeleiter, die man kannte, waren irgendwo anders bereits eingesetzt. Es blieb der Produktion demnach nichts anderes übrig, als diesen geschassten Aufnahmeleiter nach drei Tagen wieder anzuheuern. Der verlangte sofort mehr Geld; erstens, weil er beleidigt war, und zweitens, weil er den Braten roch, dass man ihn unbedingt brauchte.

Mit Hängen und Würgen wurde der Film zu Ende gedreht. Beim Atelierfest am letzten Drehtag ging der Aufnahmeleiter zu Cziffra und sagte: »Herr Cziffra, während dieses Filmes ist etwas sehr Seltsames passiert: Ich habe diesen Film mit schweren Magengeschwüren begonnen, habe darunter gelitten und war vielleicht auch nicht immer so einsatzfähig, wie Sie das von mir erwartet hätten. Aber was soll ich Ihnen sagen? Trotz dieser Belastung und trotz dieser für mich ja auch psychisch sehr schwierigen Situation – die Magengeschwüre sind weg!« Darauf Cziffra: »Wer weiß, wenn wir wieder einen Film zusammen machen, vielleicht wächst auch der Arm wieder an.«

SCHAUSPIELER

»Das Heil kann nur vom Schauspieler kommen, denn ihm und keinem anderen gehört das Theater.«

Max Reinhardt
(Regisseur und Theaterdirektor)

»Es gibt kleine dicke Komiker, große dünne und – wirkliche.«

Alexander Girardi
(Volksschauspieler)

Ernst Waldbrunn oder: Ein besonderer Lehrmeister

Die Begegnung mit dem Schauspieler und Regisseur Ernst Waldbrunn bei meinem ersten Josefstadt-Stück war ein Glücksfall. Es war Liebe auf den ersten Blick, der Beginn einer langen Zusammenarbeit und einer langen Freundschaft.

Regie bei *Bunburry*, dem ersten Stück, in dem wir gemeinsam spielten, führte Axel Corti. Um es kurz zu machen – er war kein guter Theaterregisseur. Ein Mann des Films, des Mikrophons, mit seiner wohltönenden, unverwechselbaren Stimme – kein Mann des Theaters.

Ich spielte den John Worthing und war schlichtweg elend! Wahrscheinlich wäre ich in dieser Rolle unter keinem Regisseur gut gewesen (wie hat der mir wohlgesinnte Paul Blaha damals geschrieben: »Heinz Marecek kann ja wirklich viel spielen – aber einen Lord kann er nicht spielen!«).

Aber die Arbeit mit Corti war auch »atmosphärisch« unangenehm. Hilflosigkeit wurde durch Häme wettgemacht, übrigens ein Phänomen, dem ich noch öfter begegnen sollte.

Corti wirkte immer leicht überheblich. Das lag wahrscheinlich daran, dass er es auch war. Es herrschte ein unangenehmes »Reizklima«.

Mein neuer Freund Waldbrunn – er spielte den Pastor Chasuble – stand eines Tages in der »Gasse«, das sind die Gänge zwischen den Kulissen, tupfte sich mit dem immer blütenweißen Taschentuch den Schweiß von seinem mit hektischen roten Flecken übersäten Gesicht und flüsterte mir zu: »Jetzt weiß ich, warum dieses Medikament Cortison heißt!«

Diese Vorstellung hatte es überhaupt in sich. Die berühmte Figur der Lady Bracknell spielte Jane Tilden. Die wunderbare Schauspielerin und geliebte Komödiantin hatte gelegentlich zarte Partitur-Schwierigkeiten. Bei der Premiere trat sie auf, hatte zu sagen: »Kinder, ich komme gerade von Lady Harbury …«.
Sie segelte stattdessen herein und rief begeistert: »Kinder, ich komme gerade von Lady Bracknell …«, bemerkte ihren Fehler und setzte – nur unwesentlich leiser – fort: »So was Blödes! Die bin ich doch selber …«
Da der zweite Teil des Satzes einen leicht fragenden Charakter hatte, nickten Peter Matic, der den Algernon spielte, und ich ihr zustimmend zu. Sie war beruhigt und spielte mit ungebrochenem Elan weiter.

Bei einer anderen Vorstellung dieses Stückes hatte Waldbrunn seine letzte Szene, ging ab, und ich, mit dem Rücken zum Publikum stehend, flüsterte ihm zu: »Baba, Burschi!« (»Burschi« war Waldbrunns Kosename, alle Kollegen nannten ihn so.)
Er war fast draußen, kam aber blitzschnell zurück, stellte sich vor mich und fragte laut: »Was haben Sie gesagt, Sir?«
Damit hatte ich natürlich nicht gerechnet. Ich merkte, wie mir die Röte ins Gesicht stieg, öffnete den Mund – und es fiel mir nichts ein.
Waldbrunn wurde ungeduldig: »Lauter! Ich verstehe Sie nicht, Sir!«
Irgendwie entrangen sich mir irgendwelche amorphen Laute.

Waldbrunn: »Nicht stottern Sie herum, Sir! Was haben Sie gerade zu mir gesagt, Sir?«
Alles scheinbar in der Rolle. Dass der bislang scheue, stille Pastor übergangslos einen Feldwebel-Ton anschlug, ließ nur in profunden Kennern des Werkes den leisen Verdacht aufkommen, dass diese *Miniature* vielleicht doch nicht zum Stück gehörte. Doch mich traf dieses »Sir« jedes Mal wie ein Peitschenhieb. Er sagte es nämlich so, als wäre es zugleich eine Kritik, wie ich diese Figur spielte, als wäre ich ein Hochstapler, der diesen Titel usurpiert hatte und nun entlarvt wurde.
Meine Gwendolyn, Claudia Rieschel, hatte inzwischen ihren Kopf in meine Jacke gesteckt, um dort konvulsivisch zu glucksen. Marianne Nentwich hatte als Cecily Mund und Augen weit offen, als könnte sie das, was sich eben abspielte, nicht glauben. Peter Matic rannen zwei kleine Bächlein aus den Augenwinkeln und sein Lächeln fror zu einer leicht irren Maske.
Endlich hatte ich mich halbwegs gefangen und brachte irgendwie ein »Ich habe ›Auf Wiedersehen‹ gesagt, Herr Pastor!« hervor.
Darauf Waldbrunn, unschuldig, erstaunt: »Ach so! Ich habe nämlich ›Baba, Burschi!‹ verstanden!« Und ging beschwingt ab, um mir fröhlich aus der »Gasse« mit seinem weißen Taschentuch zuzuwinken!

Ich habe ihn geliebt, und er hat mich – so glaube ich – ebenfalls gern gehabt. Waldbrunn war der »unneidigste« Komiker, den ich kannte.
Wenn wir gemeinsam in den Kammerspielen auftraten, schrieb er bis zur letzten Probe Pointen für mich in die Rolle.

Auch wenn eine Serie schon lange lief, kam er manchmal in die Garderobe und sagte: »Probier heute einmal etwas aus! An der Stelle, wo ich sage ..., sagst du ... Und schon war wieder eine neue Pointe auf der Welt. Wenn sie funktionierte, wurde sie beibehalten, wenn nicht, einfach weggelassen. Gelegentlich schlug ich irgendetwas vor, das ihn nicht überzeugte, dann sagte er skeptisch: »Ich glaube nicht, dass das lustig ist, aber probier es halt.« Wenn dann die Stelle am Abend kam und der von mir erwartete Lacher ausblieb, sah er mich traurig mit seinem »Na, was habe ich gesagt?«-Blick an und flüsterte: »Stille!« Natürlich wurde diese Variation nie mehr gespielt.
Wenn aber eine neue Pointe von mir ein Lacher war, verbeugt er sich tief, Hand am Herz, und flüsterte: »Touché!« – und wir spielten fortan diese Fassung. Führte so ein »Neuling« gar zum Szenenapplaus, konnte es schon auch vorkommen, dass er mich auf offener Bühne auf die Stirn küsste und mich Hände schüttelnd beglückwünschte.
Wir hatten auch so genannte »Schmäh-Lacher« eingebaut: Jeder tat einmal am Abend so, als hätte ihn der andere gerade zum Lachen gebracht. Das war ein akribisch geprobter Vorgang, jedes sich Wegdrehen, jedes Vor-lachen-nicht-reden-Können, jedes Mit-der-Faust-Drohen war das Resultat minutiöser Choreographie.
Waldbrunn war überhaupt ein glühender Verfechter des »Ausgemachten« – wie sein langjähriger Partner Karl Farkas. Man konnte immer Sachen ausprobieren, mit Vorschlägen kommen, auch wenn ein Stück schon hundert Mal gelaufen war, aber man musste es ihm vorher sagen. »Schmieren« – das heißt Ungenauigkeit, privates Blödeln, Auftritte, die auch nur um Sekunden von der Vereinbarung abwichen, falsche Stichworte und ähnliche Entglei-

sungen – konnte ihn so wütend machen, dass er à la Toscanini zornig mit dem Fuß aufstapfte und dem Übeltäter mörderische Blicke zuwarf.
Haeusserman hat einmal nach dem Besuch einer Vorstellung in den Kammerspielen gesagt: »Die Schauspieler der Kammerspiele erhalten ab sofort keine Gage mehr – sondern Schmiergelder!« Mir fallen einige Namen ein, auf die dieser Satz zutreffen könnte – der von Ernst Waldbrunn ist nicht darunter!

Als wir gemeinsam *Das lebenslängliche Kind* von Erich Kästner spielten, kam ich eines Tages volltrunken in die Vorstellung. Durch reine Blödheit. Ich hatte den Nachmittag bei einem Freund verbracht, und während wir plauderten, aß ich aus einem Gurkenglas Rumobst – so wie man Salzbrezel isst oder Kekse. Immer wieder habe ich ins Glas gegriffen und eine Kirsche oder Zwetschke in den Mund gesteckt. Als ich nach zwei Stunden aufstand, um ins Theater zu gehen, war ein Berg von Kernen auf meinem Platz – und ich war besoffen.
»Burschi« trug mich durch die Vorstellung wie einen kranken Hund. Kaum trat ich auf, drückte er mich in den nächsten Sessel: »Setzen Sie sich, Herr Doktor! Wir sind hier doch fast auf 2000 Meter! Das sind Sie nicht gewöhnt. Sie könnten leicht schwindlig werden!«
Jedes Mal, wenn ich versuchte aufzustehen, um doch den einen oder anderen vereinbarten Gang zu machen, drückte er mich sofort nieder. »Nicht! Nicht aufstehen, Herr Doktor! Bitte, bleiben Sie sitzen! Bleiben Sie ganz ruhig sitzen und erklären Sie mir langsam und deutlich, was Sie wollen!« Brachte mich dann sicher zu Tür, wenn endlich die Zeit für meinen Abgang gekommen war, schob mich

zärtlich hinaus, um mir, sobald ich außer Sichtweite war, »Dir gehören ein paar Watsch'n, du Rotzbub!« zuzuzischen.
Wie durch ein Wunder ging auch diese Vorstellung vorbei, komischerweise ohne gröbere Ausrutscher. Ich versprach mich nicht. Alles kam – nur etwas langsamer als sonst.
Aber Waldbrunn war böse, und zur Strafe musste ich mit ihm nach der Vorstellung in die Eden Bar gehen und dort mit ihm eine Flasche Cognac trinken. »Ich werd' dir geben, besoffen in die Vorstellung zu kommen!« – und schenkte mir einen vierfachen Remy Martin ein! Ich habe nie wieder in meinem Leben betrunken eine Vorstellung gespielt, und Cognac kann ich bis heute nicht trinken. Schon wenn ich ihn rieche, macht sich eine leichte Übelkeit bemerkbar.

In der Eden war ich noch oft mit Ernst Waldbrunn. Die Eden gehörte damals Gabi Kenézy – er war der Ehemann der Chansonette Liane Augustin und Vater von Jenny, die seit vielen Jahren Regieassistentin am Burgtheater ist. Bei diesem Gabi Kenézy hatte Waldbrunn erwirkt, dass mir nur Hauspreise verrechnet wurden, und – noch viel wichtiger – dass ich nicht dem Anzug- und Krawattenzwang unterlag. Ich durfte in die Eden kommen, so wie ich war, er hatte das bei Kenézy für mich durchgesetzt: »Gabi, das ist mein Freund, er möchte gern öfter kommen, aber er hat nicht viel Geld, und auf Krawatten ist er allergisch.«
Seufzend stimmte Kenézy zu, betrachtete mich aber jedes Mal mit verzweifeltem Blick, wenn ich in weißen Jeans und mit T-Shirt nach der Vorstellung aufkreuzte.
Nur einmal, als ich wieder »underdressed« kam, sah er, der

stets mit dunklem Anzug und Blume im Knopfloch an der Tür stand, tieftraurig drein und seufzte (und wenn Ungarn seufzen, klingt es gleich noch viel trauriger): »Warum kommst du immer zu mir nach dem Rudern?«

Waldbrunn saß jede Nacht in der Eden. Theater, Kaffeehaus, Theater, Bar. So lebte er jahrzehntelang. Als ich ihn einmal in der Pause einer Doppelvorstellung zu einem Spaziergang überreden wollte, sah er mich an, als hätte ich ihm vorgeschlagen, die Länderbank zu überfallen: »Spazieren? Was soll ich machen? Spazieren gehen? Weißt du, wann ich spazieren gehe? Wenn es im Kaffeehaus regnet!«

Als ich ihn Jahre später im Spital besuchte, wo seine Lunge und seine Gefäße den Kampf gegen die täglich 120 Zigaretten langsam aufgaben, tätschelte er meine Hand und sagte: »Ich weiß schon, du bist ein Schenk-Schüler. Aber du könntest ja wenigstens später einmal erzählen: ›Die Unarten hab' ich vom Waldbrunn!‹«

Lieber Burschi! Wenn du mit Unarten gemeint hast, dass man auch nach den längsten Nächten pünktlich um 10 Uhr, frisch rasiert, duftend, im weißen Hemd und im Nadelstreif strahlend zu einer Probe erscheint – tut mir leid: Erstens habe ich noch immer keinen Nadelstreifanzug, und wenn ich vor einer Probe bis 4 Uhr Früh in der Eden säße, würde ich um 10 Uhr sicher nicht strahlend auf der Probe erscheinen, sondern aussehen, als hätte mich vor dem Theater gerade ein Autobus überfahren. Ich kann mich auch nicht vor einer Vorstellung, wenn ich todmüde bin, mit einer Hand voll bunter Tabletten und einem dreifachen Cognac aufputschen, sondern starte in

meiner Tagesform und hoffe, dass sich die »Betriebstemperatur« möglichst schnell einstellt.
Wenn du aber mit Unarten gemeint hast, dass jede Pause im so genannten Schwank mit der gleichen Ehrfurcht behandelt wird, wie die Pause in einer Mozart-Partitur, dass jeder Schritt, jeder Blick, jede Betonung jeden Abend mit der Präzision eines Schweizer Uhrwerkes abläuft, dass mir jedes »Schmieren« in der Komödie zutiefst verhasst ist, dass jede Vorstellung behandelt wird, als ginge es um eine lebenswichtige Operation, dass die 150. Vorstellung mit der gleichen Aufregung gestaltet wird wie die Premiere und nicht nur gleich gut, nein, viel besser sein muss als diese, ja, dann bin ich gerne bereit zu sagen: Die Unarten habe ich vom Waldbrunn.

Kurt Sowinetz oder: Erinnerungen an einen wirklichen Freund

Kurt Sowinetz war ein ungewöhnlicher Mensch. Er tat nichts, weil man es eben tut, er aß nichts, weil man es eben isst, er sagte nichts, weil man es eben sagt, er trug nichts, weil man es eben trägt – und er benützte auch keine Garderobe, weil eben da zufällig eine Garderobe war, sondern er erfand seine eigene.

Ein ehemaliges Kostümkammerl, ein schmaler, fensterloser Raum, etwas abseits von den übrigen Garderoben, hatte es ihm angetan. Dort und nirgendwo anders wollte er sich umziehen, sich für die Vorstellung vorbereiten und nach der Vorstellung in Ruhe »ausdampfen«. So wurde aus einer Abstellkammer die »18er« – die Garderobe von Kurt Sowinetz.

Ich war seit ungefähr zwei Jahren Mitglied der Josefstadt, hatte keine Stammgarderobe, sondern »wohnte« einfach dort, wo Platz war. Während einer Umbesetzungsprobe fragt mich Kurt: »In welcher Garderobe sind Sie eigentlich?«

»Überall und nirgends – ich schau einfach, in welcher mein Kostüm hängt.«

»Also, meine hat zwar kein Fenster, aber wenn Ihnen das nichts ausmacht, sind Sie dort herzlich willkommen.«

Mit stolzgeschwellter Brust verließ ich an diesem Tag das Theater: »Der Sowinetz hat mich in seine Garderobe eingeladen!«

Natürlich ahnte ich, dass das ein großes Kompliment war. Wie groß es tatsächlich war, merkte ich aber erst, als ich ihn näher kennen lernte und sah, wie ungeheuer behut-

sam und konsequent dieser Mann seine Privatsphäre schützte.
Der erste gemeinsame Abend in der »18er«: Als ich in die Garderobe kam, war Kurt bereits da. Vor ihm standen eine Flasche Rotwein mit zwei Gläsern und – Vertreter der Feuerpolizei mögen gnädig die nächsten Zeilen überspringen – eine offene Zigarettenschachtel, aus der eine halb herausgezogene Zigarette wie eine Kompassnadel auf »meinen« Platz zeigte. Mit einem fast normalen »Bitte sehr …« deutete er auf die Zigarettenschachtel, schenkte die beiden Gläser voll ein, stieß mit mir an und sagte: »Servus!«
Dieses »Servus« war der Beginn einer zwanzigjährigen Freundschaft. Das gemeinsame Glas Wein und die gemeinsame Zigarette wurden zu einem Ritual.

Einige Jahre später standen wir für *Der Narr von Wien* gemeinsam vor der Kamera: Kurt als sensationeller Peter Altenberg, und ich durfte an seiner Seite den Karl Kraus spielen. Kurz vor Drehbeginn war der Regisseur Oliver Goldsmith immer noch auf der Suche nach der »richtigen« Helga Malmberg, der deutschen Freundin Peter Altenbergs.
Einige Tage vorher hatte ich zufällig eine Kleist-Collage am Reinhardt-Seminar gesehen, in der mir eine junge Schauspielerin besonders aufgefallen ist. Davon habe ich nun Oliver Goldsmith erzählt: »Ihr Name ist Christine Golin, und ich kann sie mir sehr gut als Helga Malmberg vorstellen.«
Also schaute er sich die junge Schauspielerin an und engagierte sie für die Rolle der Helga Malmberg. Es hat nicht allzu lange gedauert, bis der Karl Kraus dieses Films und

Helga Malmberg geheiratet haben. Und Peter Altenberg war Trauzeuge bei dieser Hochzeit.

An dieser Stelle muss ich übrigens eine wunderbare Geschichte über Karl Kraus und Peter Altenberg einfügen. Am Burgtheater gab es eine junge Schauspielerin namens Schopf, und dieses Fräulein Schopf war die Freundin vom alten Friedrich Mitterwurzer. Allerdings wurde sie von allen Männern, die sie kannten, angehimmelt, weil sie ein besonders schönes Geschöpf war. Alle haben den Mitterwurzer um die Schopf beneidet, aber da war nichts zu machen, sie war fest mit Mitterwurzer liiert, obwohl sie um 35 oder 40 Jahre jünger war als er. Als Friedrich Mitterwurzer starb, standen auch Karl Kraus und Peter Altenberg am Grab. Und angesichts der zwar todtraurigen, aber deshalb um nichts weniger liebreizenden Schopf sagte Kraus zu Altenberg: »Jetzt müsste man die Schopf bei der Gelegenheit packen.«

Kurt Sowinetz war ein leidenschaftlicher Bastler – also Bastler ist fast schon eine Beleidigung, eher war er ein Erfinder, ein Ingenieur, der sämtliche probenfreie Tage und auch lange Nächte in seinen diversen Werkstätten verbrachte, um dort winzige Dampfmaschinen zu bauen. Als Hustenonkel für *Feuerwerk* hat er sich eine zehn Zentimeter lange Geige gebaut, auf der man auch spielen konnte. Er hat gemalt, Skulpturen gemacht und gebastelt. Kurt Sowinetz besaß ein Haus am Donau-Oder-Kanal, und ungefähr 100 Meter weiter hatte sein Freund Fritz Muliar eines. In monatelanger Arbeit baute Sowinetz einen ferngesteuerten Dampfer, und an einem Sonntag, als alle Donau-Oder-Kanal-Bewohner beim Mittagessen

saßen, fuhr plötzlich in der Mitte des Kanals ein Dampfer von ungefähr eineinhalb Metern Länge, und alle schauten zu diesem Dampfer. Vor dem Haus Fritz Muliars blieb der Dampfer stehen, und plötzlich – in diesem Dampfer war nämlich auch ein ferngesteuerter Kassettenrekorder mit Lautsprecher eingebaut – war eine Stimme zu hören: »Achtung, Achtung, hier spricht der Kapitän, eine wichtige Durchsage!«
Die Leute hörten alle zu essen auf und schauten nach, was denn da los ist. Dann hörte man Folgendes: »Herr Fritz Muliar ist ein Arsch! Ende der Durchsage.«
Der Dampfer drehte um und entfernte sich wieder in Richtung seines heimatlichen Hafens im Hause Sowinetz.

Practical jokes hießen diese komischen Szenen, die von Schauspielern ganz privat entweder allein oder mit Freunden inszeniert wurden. Diese *practical jokes* gehörten sozusagen zum Alltag – heute sind sie praktisch ausgestorben.

Kurt Sowinetz hatte einen Freund, einen wunderbaren Schauspieler namens Rudi Rhomberg, ein Münchner, der immer zu Scherzen aufgelegt war. Rhomberg war schon in jungen Jahren von stattlicher Figur, er war immer übergewichtig und hatte etwas von einem bayerischen Wirten an sich.
Eines Sommers – Rhomberg und Sowinetz waren noch ganz junge Schauspieler, zwar glücklich, in Salzburg ein Engagement zu haben, aber kein Geld in der Tasche – gingen sie durch den Garten des Salzburger Sternbräus. Sie waren hungrig, was schnellstens geändert werden sollte. Rhomberg, glücklicherweise in Lederhose, weißem

Hemd mit aufgestreckten Ärmeln, ging von Tisch zu Tisch und erkundigte sich, ob alles in Ordnung sei, ob es passe, ob es wohl allen schmeckt: »Alles zu Ihrer Zufriedenheit, ja?« Die Gäste nickten und waren alles in allem wirklich angetan von diesem um ihr leibliches Wohl besorgten »Wirt«.
An einem der Tische wurde gerade ein frisches Brathuhn serviert, und Rhomberg – die Situation im Griff – ging hin, nahm den Teller vom Tisch und sagte: »Moment, das Huhn ist viel zu hell, das kommt zurück in die Küche.« Sprach's und trug den Teller aus dem Gastgarten hinaus. Fünf Minuten später saßen er und Kurt Sowinetz am Salzachufer in der Sonne – und hatten endlich keinen Hunger mehr.

Kurt Sowinetz und Rudi Rhomberg – dass die beiden das perfekte Duo in Sachen *practical jokes* waren, zeigt eine weitere Geschichte. Eines Tages – sie waren mittlerweile etwas älter geworden und hatten mehr Geld – ließen sie eine Speisekarte des berühmten Salzburger Cafés Bazar mitgehen und in einer Druckerei absolut identisch nachdrucken. Diese zwanzig oder fünfundzwanzig Karten holten die beiden nun von der Druckerei ab und tauschten sie gegen die originalen Speisekarten des Cafés Bazar aus. Auf den ersten Blick war kein Unterschied zu den ursprünglichen Karten zu erkennen – der *practical joke* lag im Detail, denn nur, wenn man die Karten umdrehte, war der wesentliche Unterschied zu erkennen. Da war nämlich jetzt auf der letzten Seite, relativ klein gedruckt, zu lesen: »Auf besonderen Wunsch wird den p. t. Gästen Staubzucker in den Arsch geblasen.«

Meine Frau und ich waren in ein kleines Dorf im Weinviertel gezogen, nur durch einen Weinberg vom Wohnsitz der »Sowinetzens« getrennt. Viele gegenseitige Besuche, Ausflüge und unvergessliche Abende mit gemeinsamen Freunden waren das Resultat dieser geographischen Nähe. Das Haus in Hautzendorf war auch Ausgangspunkt meiner wahrscheinlich schönsten Wanderung. Eines Tages beschlossen Kurt und ich, zu unserem Lieblingswirtshaus zu wandern, das ungefähr dreißig Kilometer entfernt lag. Wir wollten am Vormittag aufbrechen und unsere mit dem Auto nachkommenden Ehefrauen zum Abendessen treffen.

Ich hatte einen Rucksack mit Tee, Speck, Obst gepackt, und die Route wurde so bestimmt, dass Kurt zwei- oder dreimal in einem Dorf ein Bier trinken konnte – das hatte er zur Bedingung gemacht. Anfangs klappte das wunderbar, aber bald gaben wir die geplante Route auf und wanderten querfeldein. So geschah es, dass wir schon drei Stunden ohne Bierpause unterwegs waren – und kein Dorf, sprich Wirtshaus, in Sicht. Kurt wurde ein bisschen unruhig – der heiße Tee im Rucksack war kein Ersatz für ein kaltes Bier –, hielt nach einer Kirchturmspitze Ausschau und sagte: »Es gibt eine alte Regel: Wo eine Kirche ist, ist auch ein Wirtshaus!«

Nach einer Weile tauchte in der Ferne endlich ein Kirchturm auf. Kurts Gesicht hellte sich auf, und wir marschierten schnurstracks Richtung Kirche. Glücklich erreichten wir Dorf und Kirche, und der erste Mensch, den wir trafen, wurde von Kurt gefragt: »Wo ist denn hier das Wirtshaus?«

Wie ein Keulenschlag kam die Antwort: »Wir haben kein Wirtshaus!«

Was sich jetzt in Kurts Gesicht abspielte, war unbeschreiblich: Es war, als hätte man einem Kind gesagt, soeben sei Weihnachten abgeschafft worden.
Zum Glück setzte der Angesprochene hinzu: »Aber zwei Kilometer weiter ist das nächste Dorf, und dort gibt's ein Wirtshaus.« Also marschierten wir ins nächste Dorf, Kurt bekam sein Bier und wanderte glücklich weiter. Er war danach so begeistert, dass wir sofort Pläne für weitere Wanderungen zu wälzen begannen und Kurt sich ein Paar Wanderschuhe kaufte. Bei der ersten Wanderung hatte er von den alten Tennisschuhen Blasen bekommen.

Das gleiche unergründliche Schicksal, das uns zueinander geführt hatte, verhinderte, dass irgendeiner dieser Pläne noch hätte ausgeführt werden können.
Wenige Tage vor seinem Tod saß ich mit einer gemeinsamen Freundin an seinem Spitalbett, Kurt war offenbar eingedöst, und ich erzählte ihr von unserer Wanderung. Plötzlich sagte Kurt, ohne die Augen zu öffnen: »Falsch: Den Speck haben wir nicht am Teich gegessen, sondern ganz woanders. Am Teich hast du Manner-Schnitten gegessen, und ich habe eine Zigarette geraucht.« Und dann fügte er noch hinzu: »Wenn ich da fertig bin, müssen wir die neuen Wanderschuhe einweihen ...«
Lieber Kurti, ich weiß zwar nicht genau, wo du jetzt wanderst, aber möge dir auf deiner Wanderung nie wieder eine Kirche ohne Wirtshaus begegnen ...!

Alfred Böhm
oder: Probier's mal mit Gemütlichkeit

Das Kennenlernen war einseitig. Ich war gerade in meinem ersten Semester am Reinhardt-Seminar und saß eines Abends im Theater in der Josefstadt in einer Vorstellung von *Kasimir und Karoline.* Regie führte Otto Schenk, Alfred Böhm war der Kasimir, den Merkl Franz spielte Kurt Sowinetz.

Es war ein wunderbarer Theaterabend, der mich so beeindruckte, dass ich einige Tage später schon wieder in die Vorstellung ging – natürlich ohne zu ahnen, dass ich in fünfzehn Jahren als Kasimir auf eben dieser Bühne stehen sollte, und selbstverständlich auch ohne zu ahnen, welche Bedeutung die an dieser Vorstellung beteiligten Menschen in meinem zukünftigen Leben haben sollten.

Eines der vielen Phänomene des Theaters ist die Mühelosigkeit, mit der Freundschaften jeglichen Generationsunterschied sozusagen spielend überbrücken. Ich weiß nicht, wie viele Hunderte Male ich später mit Alfred Böhm spielte, inszenierte oder in der Garderobe der Kammerspiele saß, aber »Onkel Bärli«, wie er von mir immer genannt wurde, verlieh einem stets das Gefühl, als verbrächte man gerade mit einem Gleichaltrigen im Schulhof die große Pause und dächte sich aus, wie man in der nächsten Stunde den Lehrer pflanzen wird. Bemerkenswert für einen Mann, der einige Jahre älter war als meine Eltern!

Übrigens eine Eigenschaft, die er mit dem geliebten »Onkel Künstler« Kurt Sowinetz, mit Ernst Waldbrunn und mit dem großen Clown Max Böhm gemeinsam

hatte. Auch von ihnen trennte mich eine Generation, doch gingen wir miteinander um wie Gleichaltrige.
Die dumpfe Niedergeschlagenheit des Kasimir, der eben »abgebaut« worden war, und der sich auch vom hektischen, überhitzten Treiben des Oktoberfestes nicht aus seiner Verzweiflung reißen lässt, hat Alfred Böhm am eigenen Leib ausgiebig erfahren.
1920 in Wien-Favoriten als jüngster von drei Brüdern geboren, verbrachte er eine Kindheit, die Ödön von Horváth verfasst haben könnte. Der Vater war Dreher, aber mehr »abgebaut« als sonst was, die Mutter ging Fenster putzen und Wäsche waschen, die drei Buben, Franz, Alfred und Carlo gingen nach der Schule zum Bahnhof Koffer oder zum Friedhof Kränze tragen. Ein paar zusätzliche Groschen wurden abends im Wirtshaus beim Kegelaufstellen verdient. Denn, um das Horváth-Bild perfekt zu machen, war auch noch eine gelähmte Großmutter, die im gemeinsamen Haushalt lebte, zu versorgen. Alfred lernte Feinmechaniker, folgte aber den älteren Brüdern nach und ging zwei Jahre nach Linz ans Theater. Diese zwei Jahre dürften keineswegs seinen Vorstellungen von einer Theaterkarriere entsprochen haben, denn sobald sein Vertrag abgelaufen war, übte er wieder seinen erlernten Beruf aus und hätte das vielleicht für die nächsten vierzig Jahre getan, wenn nicht Josefstadt-Direktor Stoß eines Tages Carlo Böhm angerufen und diesem eine Rolle angeboten hätte: »Ich kann leider nicht, ich spiele zu der Zeit am Volkstheater. Aber ich habe einen Bruder, der sehr begabt ist …«
»Her mit ihm!«
Das Theater hatte Alfred Böhm zurückgeholt. Hunderte Abende in der Josefstadt und – wohl ohne zu übertreiben

– einige tausend in den Kammerspielen sollte er in den nächsten Jahren verbringen. Wer seinen Kasimir gesehen hat, wird vielleicht bedauern, dass diese Bilanz so eindeutig zugunsten der Kammerspiele ausgeht, dass die eine oder andere große Charakterrolle an ihm vorbeigegangen ist (oder er an ihr). Aber ein Theater ist nun auch einmal ein Unternehmen, und welcher Unternehmer verzichtet auf sicheren Gewinn? Alfred Böhm in den Kammerspielen bedeutete in jedem Fall ein volles Haus und glückliche Menschen. Monatelang.

Wer zerbricht sich da den Kopf, ob es nicht Zeit wäre für den alten Weyring, den Valentin, den Fortunatus Wurzel, den himmlischen Kanzlisten im *Liliom* …? Ein gemeinsamer Raimund-Ausflug verlief auch nicht gerade besonders erfolgreich. Ich inszenierte *Die Gefesselte Phantasie*, er spielte den Nachtigall. Ich habe mich zu sehr auf die Partitur und auf die zauberhaften Bühnenbilder von Oskar Kokoschka verlassen und bin ihm wahrscheinlich keine sehr große Hilfe gewesen. Er hat es mir nie nachgetragen, und ich durfte mit der Inszenierung von *Pension Schöller* wieder einiges gutmachen.

Onkel Bärli hatte seine Eigenheiten. Man probte *Der Buckel* von Slawomir Mrožek. Regie führte Hermann Kutscher, ein kahlköpfiger, spöttischer Marabu, Leiter der Abteilung »Regie« am Reinhardt-Seminar und Oberspielleiter der Josefstadt. Er schlug einmal vor, den Abonnenten zu Weihnachten ein Jojo in Form des berühmten Josefstadt-Lusters zu schenken, wo beim Hinuntergehen ein Licht angeht, das beim Hinaufgehen wieder verlöscht. Leider ist diese blendende Idee nie von der Direktion aufgegriffen worden!

Und über Ellen Müller-Preiss, Fechtlehrerin am Seminar und Olympiasiegerin im Florett, sagte er nach einer Konferenz am Seminar, wo Müller-Preiss ihren Standpunkt scharfzüngig vertrat: »Die hat damals die Olympiade auch nur deshalb gewonnen, weil sie die einzige war, die mit vergifteter Spitze gefochten hat!«
Im *Buckel* spielten Alfred Böhm und Christa Keller, verheiratete Principessa di Cerami, die es nicht ungern hatte, mit »principessa«, oder zumindest mit »di Cerami« angesprochen zu werden.
Alfred Böhm war bei den Proben kein Feuergeist. Eine Zeit lang begnügte er sich mehr oder weniger mit Aufsagen des – ebenfalls mehr oder weniger – richtigen Textes. Das wusste man. Und man wusste auch, dass bei ihm diese scheinbare Lethargie ein Teil des Prozesses war.
Christa Keller, Gast am Hause, wusste es natürlich nicht und war durch die Art Böhms zu proben äußerst irritiert.
»Also Herr Böhm, ich kann so nicht proben! Sie steigen ja überhaupt nicht ein! Sie markieren ja nur!«
Darauf Böhm: »Aber Frau Karamelli (der Schock war zu groß, als dass sie darauf reagiert hätte), heute ist doch Montag!«
»Na und? Was heißt das?«
»Montag markiere ich immer! An das müssen Sie sich gewöhnen. Auch bei den Vorstellungen! Hingegen aufpassen müssen Sie Freitag und Samstag – denn da *outriere* ich immer!«
Christa Keller leerte blitzartig zwei Underberg-Fläschchen, die sie immer entsichert bei sich trug, und fand sich damit ab, an diesem Theater vorübergehend ins Fegefeuer geraten zu sein.

Humor ist ja eine Eigenschaft, die einen auch im Unglück nicht verlässt. Alfred Böhm hatte einen schweren Unfall gehabt. Er war auf der Bundesstraße von einem Auto angefahren worden, als er sich von der Tankstelle gegenüber Zigaretten holen wollte. Knochenbrüche, Sehnenrisse, ausgekegelte Gliedmaßen waren die Folgen. Erschwert wurden all diese Verletzungen, und vor allem der Heilungsprozess, durch die Tatsache, dass Böhm ausgesprochen übergewichtig war.
Daher trat eines Tages der behandelnde Arzt im Spital an Böhms Bett und sagte: »Das Problem ist natürlich auch, dass Sie viel zu schwer sind. Wie viel wiegen Sie eigentlich im Moment?«
Böhm murmelte irgendwelche hundertund...
»Das ist für Ihre Größe natürlich viel zu viel! Was war denn eigentlich Ihr tiefstes Gewicht?«
Böhm – von oben bis unten in Gips, mit Schläuchen in den Körperöffnungen: »Drei Kilo fünfzig – aber das habe ich nie mehr erreicht!«

Natürlich konnte auch das Fernsehen an dem als »Liebling« Stigmatisierten nicht vorbeigehen. Stand der *Untermieter* auf dem Programm, wurden sämtliche Tätigkeiten im Haushalt unterbrochen und die gesamte Familie versammelte sich vor dem Fernsehapparat. Aus dieser Zeit stammt auch das ewige Duo Schenk & Böhm, inzwischen in den Sprachgebrauch eingegangen wie Max & Moritz. Was für Otto Schenk der Abgang des »Zwillings« bedeutet hat, kann man ermessen, wenn man weiß, dass Stan Laurel noch Jahre nach dem Tod von Oliver Hardy Drehbücher für beide schrieb ...
Aber auch im Alleingang wurde das Fernsehen »sein«

Medium. Wenn er auftauchte, freuten sich die Menschen. Sie liebten ihn. Einfach so. Und er genoss diese Liebe, wurde ihrer nie überdrüssig. Wann immer wir uns sahen, war seine erste Frage: »Liebst du mich noch?«
Sein schönstes Kompliment erhielt er – der im Herbst seines Lebens mit Zuneigung überschüttet wurde –, als ihn eines Tages auf der Straße ein Mann ansprach: »Herr Böhm, Sie san mei Lieblingsschauspüla, i schau ma olles mid Ihna aun.«
»Geht Ihnen des net schon auf die Nerven?«
»Na. Sie san wie a Brot, des kann man olle Tag essen!«
Eine bessere Metapher für das Einzigartige an Alfred Böhm fällt einem kaum ein.

Ich glaube, mehr kann man in diesem Beruf nicht erreichen, vor allem, wenn man zum Theater gegangen ist, weil einen das Phänomen Mensch interessiert, seine Ängste, seine Sorgen, seine Hoffnungen, seine Schwächen, seine kleinen und großen Freuden.

Lieber Onkel Bärli! Es gibt viele erlernbare Dinge in unserem Beruf, um die hast du dich nie besonders gekümmert. Sie haben dich nur so weit interessiert, als sie unbedingt notwendig waren. Aber die paar wenigen unerlernbaren, auf die es ankommt, wurden dir unbemerkt von einer gütigen Theaterfee in die – sicher nicht vorhandene – Wiege gelegt, und ich hoffe, dass dich dieses Feengeschenk im Laufe deines Lebens für vieles entschädigt hat, was dir damals, in den zwanziger Jahren in Favoriten, die anderen Feen vorenthalten haben!

Peter Ustinov
oder: Geschichten vom Sir

Peter Ustinov war ein Mann mit vielfältigsten Talenten. Er war nicht nur ein wunderbarer Schauspieler, er war ein musisches Universalgenie, konnte ungeheuer gut zeichnen und karikieren, ja sogar komponieren. Kurz gesagt: Es gibt, glaube ich, nichts, was Peter Ustinov nicht konnte.

Ich hatte das große Vergnügen und die große Freude, ihn gut zu kennen, und zwar aus dem einfachen Grund, weil ich vor vielen Jahren eines seiner Stücke inszenierte – Peter Ustinov war nämlich noch dazu ein begnadeter Schriftsteller.

Das Stück wurde an der Josefstadt aufgeführt, und Ustinov kam tatsächlich zur Premiere. Nach der Premierenfeier begleitete ich ihn ins Hotel Imperial, wo der Sir standesgemäß logierte, und wir saßen dort bis fünf Uhr früh und erzählten uns Geschichten. Das heißt, meistens hat er erzählt, und ich habe zugehört. Aber einige Kleinigkeiten konnte auch ich zu diesem Abend beitragen, und seitdem sahen wir uns jedes Mal, wenn er nach Wien kam, und immer war es ein ungetrübtes Vergnügen.

Eines Abends saßen wir wieder einmal beim Abendessen und sprachen über feine Restaurants in Südfrankreich (ich fahre dort immer mit dem Auto Richtung Spanien durch, und Ustinov kannte sowieso die ganze Welt wie seine Westentasche). Ob er dies kenne, oder das ... Peter Ustinov war lange Zeit ein ungeheurer Genießer, später durfte er nicht mehr so wie früher. Aber damals war er

Mit Peter Ustinov bei der Premierenfeier von »Abgehört«. 1981

*Dreharbeiten zu dem Film »Duett zu dritt«.
Mein Schulkollege und Freund Gerhard Janda (rechts) führte Regie, für die Kameraführung war Sepp Riff (links) verantwortlich. 1977*

Alfred Böhm und Max Böhm in meiner Inszenierung von »Pension Schöller« von Carl Laufs und Wilhelm Jacoby an den Kammerspielen. 1977

Oben und gegenüber: Es war ein ungetrübtes Vergnügen, mit dem entfesselten Komödianten Max Böhm Theater zu spielen. Hier in »Hurra – ein Junge« von Franz Arnold und Ernst Bach auf der Bühne der Kammerspiele. 1978

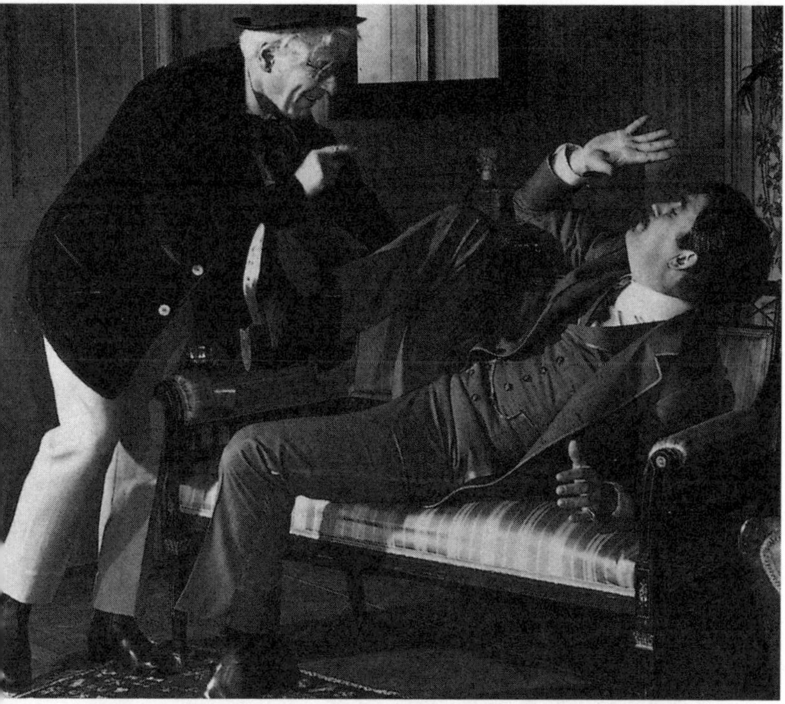

»Ihr Blatt, Herr Rosenblatt!« – Unter der Regie von Franz Antel spielte ich 1978 in »Der Bockerer«.

Als Liliom in Ferenc Molnárs gleichnamigem Stück unter der Regie von Ernst Haeusserman bei den Bregenzer Festspielen. 1981

Bei den Dreharbeiten zu »Der Narr von Wien« war sozusagen das geistige Wien des Fin de Siècle versammelt: Kurt Sowinetz als Peter Altenberg, Erwin Steinhauer als Egon Friedell, Rainer Artenfels als Adolf Loos, Heinz Marecek als Karl Kraus und Miguel Herz-Kestranek als Alfred Polgar. 1981

*Über zwanzig glückliche Jahre
liegen zwischen den Fotos links oben und unten:
meine Frau Christine und meine Kinder Sarah und Ben.
Rechts: Meine langjährige ständige Begleiterin Ella. Um 1990*

*Christine Golin als Edrita in Franz Grillparzers »Weh dem, der lügt«.
Ich führte Regie – sie hat mich trotzdem geheiratet. 1985*

noch ein leidenschaftlicher Esser und kannte natürlich auch alle feinen Adressen in Südfrankreich.
Irgendwann im Lauf dieses Gesprächs kam die Frage aufs Tapet, wo es denn in Paris die besten Köche gäbe. Damals hieß der zu recht berühmteste Küchenchef in Paris Joël Robuchon, und ich sagte: »Paris – da essen Sie doch sicherlich bei Robuchon.«
»Nein«, sagte er, »zu Robuchon geh' ich nicht.«
Ich war einigermaßen erstaunt und fragte, ob das Lokal vielleicht doch nicht so gut sei?
Da sagte Ustinov: »Ganz im Gegenteil, das Essen ist hervorragend. Nur wenn Sie dort einen Tisch bestellen, dann sagen die ›Diesen Monat nicht mehr!‹, und wenn Sie hungrig sind, ist das sehr irritierend.«

Ustinov war – als es ihm die Ärzte noch erlaubten – nicht nur ein kenntnisreicher Gourmet, sondern auch ein leidenschaftlicher Zigarrenraucher. Wann immer er nicht beim Essen war, ragte eine dicke Havanna aus seinem Mund.
Ich hatte damals in meiner Zigarrensammlung noch zwei Davidoff-Zigarren im Humidor. Es waren nicht irgendwelche Zigarren, es war feinste Ware, noch in Kuba hergestellt und nicht in der Dominikanischen Republik – unter Zigarrenkennern eine gesuchte Rarität!
Als Peter Ustinov wieder einmal in Wien war und wir uns zum Essen verabredeten, steckte ich diese beiden kubanischen Davidoffs ein. Wir würden die Zigarren gemeinsam nach dem Essen rauchen, und ich malte mir schon Ustinovs Begeisterung aus.
Wir saßen also beisammen und erzählten einander Geschichten. Nach dem Essen holte ich stolz die beiden »Kubaner« heraus und bot Ustinov eine an.

Er aber winkte traurig ab. »Nein danke, also, nein, nein, danke.«
»Ja, was ist denn, haben Sie etwa aufgehört?«
»Ja.«
»Und warum?«
»Wissen Sie, das Haus, in dem ich bei Genf lebe, ist sehr einsam. Ich bin in letzter Zeit einige Male in der Nacht aufgewacht, weil ich gedacht habe, es seien Einbrecher im Haus. Aber die Geräusche – das waren meine Bronchien.«

Als Peter Ustinov vor einigen Jahren zum Sir geschlagen wurde, erhielt er gemeinsam mit dem Ernennungsdekret auch einen Fragebogen. Die Fragen waren ausschließlich mit Ja oder Nein zu beantworten. Eine dieser Fragen lautete: »Können Sie knien?«
Das war eine verständliche Frage, weil diese Ehre ja meist älteren Herrschaften zuteil wird, und da man den Ritterschlag kniend empfängt, will man sich vergewissern, ob der Ausgezeichnete diese Zeremonie auch wirklich im Knien absolvieren kann. Wie selbstverständlich war im königlichen Fragebogen auch auf die Frage bloß ein Ja oder Nein vorgesehen – eines davon musste man ankreuzen.
Das stellte nun den zukünftigen Sir vor ein gewisses Problem: »Ich habe den zuständigen Mann bei Hofe angerufen und gesagt, dass ich nicht weiß, was ich ankreuzen soll: Ich kann knien – nur kann ich dann nicht mehr aufstehen.«

Aber auch der Ritterschlag selbst muss einigermaßen aufregend gewesen sein. Ustinov erzählte, dass es sehr spannend war, wie sich diese kleine Königin mit dem großen

Schwert so sehr konzentrierte, um das Schwert von der Schulter über den Kopf auf die andere Schulter zu heben: »Ihre Vorfahren haben schließlich lange Zeit immer den direkten Weg genommen.«

Meine letzte Begegnung mit Peter Ustinov hat erst vor einigen Jahren stattgefunden. Ustinov erhielt vom österreichischen Bundespräsidenten das Große Ehrenkreuz für Wissenschaft und Kunst und war also in die Hofburg eingeladen. Nach der feierlichen Verleihung sind wir zum Demel gegangen – auch ein Lokal in Wien, das er gerne hatte –, und Ustinov bestellte sich einen Shrimps-Cocktail. Irgendjemand kam, wollte ein Autogramm – und schon lag der Shrimps-Cocktail, von dem er erst einen Bissen genommen hatte, am Boden. Es kam nun ein Mann im weißen Arbeitsmantel, und der räumte mit Schaufel und Besen den Scherbenhaufen weg – samt Shrimps und Cocktailsauce. Natürlich wurde ihm umgehend ein neuer angeboten, aber Ustinov lehnte ab und bat stattdessen um eine Tasse heiße Schokolade.
Nun kam eine der Demelinerinnen mit der heißen Schokolade. Ustinov hob die Tasse zum Mund – aber die Untertasse klebte aus irgendeinem Grund an der Tasse, und in einer Höhe von ungefähr zehn Zentimetern löste sie sich, krachte auf den Tisch und zersplitterte dort. Peter Ustinov schaute traurig auf die Scherben und sagte: »Vielleicht sollte der Herr in Weiß gleich dableiben.«

Adrienne Gessner oder: Doyenne mit scharfer Zunge

Gefürchtet für ihre ebenso scharfen wie kurzen, und deshalb so besonders treffsicheren Bonmots war die große Doyenne des Burgtheaters Adrienne Gessner, die zwar am haeussermanschen Stammtisch nie persönlich anwesend war, aber regelmäßig Punkt 23 Uhr anrief und sich erkundigte, was es Neues gab. Zur Demonstration ihrer spitzen Zunge: Wenn die Gessner ganz böse war, konnte man als Urteil über Kolleginnen durchaus hören: »Die ist ja noch viel schlechter, als ich sie finde.«

Premiere von Peter Handkes Stück *Der Ritt über den Bodensee*. Ein paar Tage danach wurde die Gessner am Stammtisch gefragt: »Adrienne, wie hat dir das Stück gefallen?«
»Bin in der Pause weggegangen.«
»Adrienne, in dem Stück war keine Pause.«
»Ach so, ich habe gedacht, das war die Pause.«

Eines Tages ging Adrienne Gessner zu einer Probe ins Burgtheater und musste sich an einem breit in der Einfahrt geparkten Rolls-Royce vorbeizwängen. An diesem Tag probierte auch Curd Jürgens im Burgtheater, und zwar *Galileo Galilei*. Als die Gessner endlich erfolgreich vorbei war an diesem dicken Auto beim Bühnentürl, fragte sie den Bühnenportier, wem denn eigentlich dieses ungeheuer blöd abgestellte Fahrzeug gehöre.
»Der Wagen gehört Herrn Jürgens.«
»Spielt der auch so, wie er parkt?«

Als das Theater in der Josefstadt wieder einmal unter schlimmen finanziellen Engpässen litt und knapp vor dem Zusperren war, sprang eine Bank ein und übernahm die Haftung.
Bei einer der nächsten Proben trat eine junge Kollegin auf, die vor Gessners Augen keine Gnade fand. Adrienne Gessner sah ihr eine Weile zu und fragte dann: »Ist die schon von der Bank?«

Fritz Gielen
oder: Meister des »practical jokes«

Über *practical jokes* habe ich im Kapitel über Kurt Sowinetz berichtet. Außer Kurt und einigen seiner Freunde war auch Fritz Gielen ein großer *practical joker*. Gielen war seines Zeichens Burgtheaterschauspieler und wanderte später nach Argentinien aus.

Einen Großteil seiner Zeit hat Gielen dafür verwendet, um irgendwelche ebenso phantasievollen wie geistreichen Streiche zu spielen. Einer seiner berühmtesten *practical jokes* galt Albin Skoda. Dazu muss man wissen, dass Skoda nicht nur ein berühmter Schauspieler am Burgtheater war, sondern dass er sich selbst für die Inkarnation des noch berühmteren Josef Kainz hielt. Skoda galt als ebenso bedeutender Sprecher wie Kainz, nur hat er sich selber ein bisserl mehr für Kainz gehalten als die anderen ihn.

Tatsache ist, dass er leidenschaftlich alles, was er von Kainz bekommen konnte, gesammelt hat – was natürlich alle wussten, und was selbstverständlich auch Fritz Gielen nicht unbekannt war.

Eines Tages lud er Albin Skoda zu sich in die Wohnung ein. Die beiden Herren saßen beim Kaffee, und Skoda ließ seinen Blick über die Bilder an der Wand schweifen. Dort hingen allerdings nicht nur Bilder, sondern auch ein Paar Schuhsohlen in einem Goldrahmen.

Albin Skoda stutzte und fragte, was es denn mit diesen Schuhsohlen auf sich habe.

Fritz Gielen zierte sich ein wenig, bis er schließlich sagte: »Das ist überhaupt nichts, das ist nur so eine … eine Blöd-

heit. Ich schäme mich fast, dass ich das da aufgehängt habe.«
Jetzt wurde Albin Skoda natürlich erst so richtig neugierig, er ließ nicht locker. Genau damit hatte Fritz Gielen gerechnet, ein wenig zierte er sich noch – »Nein, das ist lächerlich, das ist nur so ein Privatding von mir.« –, um endlich nachzugeben und das Geheimnis zu lüften: »Weißt du, Albin, das sind die Sohlen der Schuhe, die der Josef Kainz bei seinem letzten Auftritt auf der Bühne angehabt hat.«
Mehr war gar nicht nötig. Albin Skoda sprang wie von der Tarantel gestochen auf: »Fritz, du musst mir diese Sohlen verkaufen!«
Gielen trieb das Spiel noch ein wenig weiter und lizitierte den Preis hinauf – um letzten Endes Albin Skoda, dem großen Kainz-Nachfolger, für eine Unsumme ein Paar x-beliebiger Schuhsohlen zu verkaufen.

Es war kurz nach dem Krieg, als Gielens Kolleginnen klagten, wie schwer es ist, Gemüse oder Obst zu bekommen. Da sagte Fritz Gielen zu Gusti Wolf: »Pass auf, hör zu – das sag ich aber nur dir, und du darfst es nicht weitererzählen: Der Pfarrer von der Minoritenkirche ist ein großer Fan der Burgschauspieler. Der hat in seinem Garten, der rund um die Minoritenkirche angelegt ist, Salat und Paradeiser und Karotten für den Eigenbedarf gepflanzt. Wenn du dort hingehst – ich meine, du darfst halt nicht unverschämt sein –, dann nimmst dir ein kleines Körberl mit und vielleicht eine Schaufel, gehst hinein und nimmst dir ein bissel was von diesen Sachen.« Dann fügte er noch hinzu: »Nur für den Fall, dass er dich nicht kennen sollte, oder falls irgendwer kommen sollte, der

dich fragt, was du da machst: Du musst nur sagen ›Fröhliche Weihnachten!‹ Das ist unser Stichwort. Dann weiß er, du bist eine von uns.«
Gusti Wolf ging also mit Körbchen und Schaufel in den Garten der Minoritenkirche – es war irgendwann im Mai oder im Juni. Sie hatte gerade begonnen, in der Erde herumzugraben, sich da ein Salathäuptel abzuschneiden und dort ein paar Karotten rauszuziehen, als ein entrüsteter Mesner auf sie zu kam und völlig entgeistert zu ihr sagte: »Sind Sie verrückt, das hier ist Privatbesitz! Was machen Sie da?«
Und Gusti Wolf, von Fritz Gielen für diesen Notfall präpariert, rief ihm augenzwinkernd zu: »Fröhliche Weihnachten!«

Fritz Gielen spielte später lange am deutschen Theater in Buenos Aires, und als das Burgtheater-Ensemble auf Welttournee war, konnte er noch einmal, das letzte Mal, mit einem *practical joke* sämtliche Kollegen auf einmal auf den Arm nehmen. Die Geschichte spielte sich auf der kleinen Hazienda ab, die sich Gielen erwirtschaftet hatte. Er lud das Ensemble ein, zu ihm auf diese Hazienda zu kommen, wo er die alte Kollegenschaft auf der offenen Tragfläche eines Lastwagens über seine Ländereien chauffierte.
Unter seinen vielen Erklärungen zum Land und zu den Menschen, die hier lebten und arbeiteten, kam eine ganz unglaubliche: Gielen erzählte seiner staunenden Zuhörerschaft, dass die Indios zu den gebildetsten Völkern dieser Welt zählten, und dass das eine nahezu unbekannte und deshalb um so verwunderlichere Tatsache sei.
Wie gerufen – und unnötig zu sagen, dass es natürlich ein

vereinbartes Zeichen gab – trat in diesem Augenblick Pepe auf. Gemeinsam traten nun Gielen und Pepe den Beweis für die Behauptung an. Gielen: »Findest du nicht, Pepe, dass es in den *Discorsi* Machiavellis einige Passagen gibt, die eigentlich von Montesquieu sein könnten?«
Worauf der Indio nickte und mit stoischem Gesichtsausdruck antwortete: »Selbstverständlich.«
Womit sich Gielen stolz zu seinen Kollegen umdrehte und meinte: »Seht ihr, was habe ich euch gesagt? Die Indios sind die gebildetsten Menschen, die man sich überhaupt vorstellen kann!«

Schauspieler ohne Text oder: Kunst ist schön, macht aber sehr viel Arbeit

Es gibt Legionen von Geschichten über Schauspieler, denen der Text weggeblieben ist. Merkwürdigerweise spielen all diese Geschichten, die im Umlauf sind, in lang vergangener Zeit. Das liegt aber nicht daran, dass die Schauspieler damals so blöd waren und heute so viel gescheiter wären, nein, es liegt daran, dass früher eine völlig andere Proben- und Aufführungspraxis vorherrschte.

Ich selbst arbeitete mit vielen alten Kollegen, die in ihrer Jugend für eine Klassiker-Aufführung ungefähr eine Woche Probenzeit hatten. Es wurde vom Schauspieler erwartet, dass er mit völlig gelernter Rolle auf die Probe kam. Dann wurde kurz arrangiert, und spätestens nach einer Woche war Premiere. Am nächsten Tag begann man das nächste Stück zu probieren. So ging das, Woche für Woche.

Es waren damals ungeheuer viele Stücke im Repertoire der einzelnen Theater. Das Burgtheater beispielsweise hatte um 1900 ein Repertoire von ungefähr 110 Stücken, von denen jedes einzelne kurzfristig angesetzt werden konnte. Selbstverständlich wurde von jedem Schauspieler, der in diesem Stück zu tun hatte, erwartet, dass er seine Rolle konnte, auch wenn dieses Stück monatelang vorher nicht auf dem Spielplan gewesen war. Eben wie Karl Valentin richtig feststellte: »Kunst ist schön, macht aber sehr viel Arbeit.«

Angesichts dieser Praxis ist es nicht verwunderlich, dass die Souffleuse ein integrierender Bestandteil jeder Auf-

führung war und oft eine Erste-Hilfe-Funktion zu erfüllen hatte.
Heute ist alles anders, heute werden Stücke wochenlang oder monatelang probiert. Es beginnt damit, dass die Stücke gemeinsam gelesen werden. Die meisten Regisseure sehen es nämlich gar nicht gerne, dass ein Schauspieler das Stück schon gelesen hat, wenn er zur ersten Probe kommt. Nach Auffassung vieler Regisseure besteht die Gefahr, dass die Schauspieler einen falschen Eindruck von dem Stück bekommen, wenn sie den Text nicht in der Bearbeitung des Regisseurs kennen lernen, sondern in der schlechten Originalfassung.
Hinzu kommt, dass die meisten zeitgenössischen Bühnenbildner den Souffleurkasten hassen, weil sie meinen, das würde den optischen Eindruck der Bühne zunichte machen. Sie sehen es nur bedingt gerne, dass Schauspieler in ihre Entwürfe eindringen. Am liebsten wäre es ihnen, würden die Zuschauer ausschließlich das Bühnenbild besichtigen.
Also gut, dass dort Schauspieler sind, das nehmen sie gerade noch hin, aber Souffleurkasten – nein, das geht überhaupt nicht mehr.

Das heißt nicht, dass sich der Bedarf an Souffleusen zur Gänze gelegt hätte. Es gibt nach wie vor Schauspieler, die gar nicht auf die Bühne gehen, wenn nicht irgendwo in der Dekoration versteckt diese kleine liebe Frau mit dem Buch sitzt, die einem im Notfall das Stichwort zurufen kann.
Die Textkenntnis hat mit der schauspielerischen Qualität nichts zu tun. Viele wunderbare Schauspieler kämpften ihr Leben lang mit dem Text oder zumindest mit der

Angst vor dem Vergessen des Textes – mit dem berühmten Hänger.
An der Josefstadt gab es einen Schauspieler, der zur ersten Garnitur gehörte. Die Rede ist von Erik Frey, der ein berühmter Hänger war, und bei dem das Ereignis immer sehr deutliche Schatten voraus warf: Wir alle wussten schon, dass Erik hängen wird, bevor er es selber wusste.
Angekündigt hat sich das Ereignis jedes Mal auf die gleiche Art und Weise: Es entstand eine etwas zu lange Pause. Dann lief Erik Frey purpurfarben an, der Hals wurde doppelt so breit wie sonst, und aus dem verkrampften blauen Gesicht kam ein seltsamer Ton, etwa so wie wenn man auf einen Hamster steigt – kkkrrrggggt. Wenn das geschah, wussten wir – jetzt ist es soweit: Der Erik hängt. Wobei zwei Beispiele von Freys Texthängern sogar in die Geschichte der Josefstadt eingegangen sind.

In der ersten berühmten Geschichte hat Erik Frey in einem Stück gespielt, das *Der Schichtwechsel* hieß und von Franz Nabel war. Dieses Stück ist in der Zeit des Ersten Weltkriegs angesiedelt und handelt von Waffenlieferungen an Polen. Darin gibt es eine große Szene, in der sich damals das halbe Ensemble der Josefstadt auf der Bühne befand. In dieser Szene hatte Erik Frey zu sagen: »So, bitte, lasst mich jetzt allein. Ich erwarte die polnische Delegation.«
Dieser Satz kam nun jeden Abend und war immer relativ gleich. Nur eines Abends passierte es: Erik Frey sagte noch »Also bitte, lasst mich jetzt allein …«. Dann kam die berühmte große Pause. Es kam kkkrrrggggt aus dem purpurnen Kopf des Erik Frey – und danach »… die Japaner kommen.«

Nun mussten zwölf oder vierzehn Josefstadt-Schauspieler schnell die Bühne verlassen, und das durch nur zwei vorhandene Türen. Also hat jeder versucht, prustend der erste bei der Tür zu sein. Was in diesem Moment auf der Bühne los war, kann man sich wohl vorstellen.

Das zweite, nicht minder berühmte Beispiel für einen veritablen freyschen Hänger ist die folgende Geschichte: Er spielte einen französischen Dichter, der ein Untermietzimmer bewohnte. Die Schlüsselszene des Stücks ist ein langer Dialog zwischen dem Dichter und seiner Vermieterin. Kurz bevor diese Szene ausbricht, befinden sich die beiden Kinder der Vermieterin auf der Bühne. Die Vermieterin wurde von Grete Zimmer dargestellt, Christian Futterknecht und Sylvia Eisenberger waren die beiden Kinder. Der riesig lange Dialog beginnt damit, dass Grete Zimmer zu sagen hatte: »Meister, Sie haben doch nichts dagegen, wenn die Kinder sich jetzt zurückziehen?«
Und Erik Frey musste »Aber nein, überhaupt nicht!« sagen.
Eines Abends an dieser Stelle, nachdem Grete Zimmer gesagt hatte »Meister, Sie haben doch nichts dagegen, wenn die Kinder sich jetzt zurückziehen?« folgte – eine lange Pause. Es begann sich das Gesicht des Dichters ganz eindeutig zu verfärben, und dann kam das berühmte kkkrrrggggt, gefolgt von einem leidenschaftlichen, inbrünstigen, fast gebrüllten »Das kommt überhaupt nicht in Frage«.
Grete Zimmer stutzte kurz, sagte dann aber seelenruhig: »Kinder, geht's ruhig, der Meister meint es nicht so.«

Ich war mit Erik Frey sehr gut und sagte einmal zu ihm: »Erik, solltest du je auf die Idee kommen, deine Memoiren zu schreiben – einen Titel hätt' ich schon.«
»Welchen?«
»*Ich hänge an der Josefstadt.*«
»Blöder Bub.«

Ein anderer großer Hänger am Burgtheater, der allerdings aufgrund seines absolut sanguinisch apollinischen Gemütes ganz anders auf seine eigenen Hänger reagierte, war Fred Liewehr. Er wurde von Ernst Haeusserman als »die Sonne unter allen Sternen der Burg« bezeichnet, weil er wirklich ein sehr sonniges Gemüt hatte. Auch auf seine eigenen Hänger reagierte er mit einer entspannten Sunnyboy-Manier.
Fred Liewehr war mein Lehrer am Reinhardt-Seminar. Später spielten wir gemeinsam an der Volksoper *Showboat,* wo er die Rolle des Captain Andy Hawks und ich die des Schauspielers hatte. Dann inszenierte ich mit ihm an der Volksoper *My Fair Lady,* und er spielte den Pickering.

In dem Musical *Showboat* gibt es eine dramatische Szene, in der der Schauspieler auf die Bühne stürzt und seiner Frau mit dem Messer den Arm aufschneidet. Dann beginnt er an der Wunde zu saugen, weil sich herausgestellt hat, dass sie ein Halbblut ist. Er denkt: Wenn ich jetzt von dem Blut trinke, bin ich auch ein Halbblut – wie gesagt, es ist alles sehr dramatisch, ein wenig wie in der Oper.
Ich war vor dieser Szene immer ein bisschen nervös, und eines Abends stand Fred Liewehr neben mir in der Gasse und versuchte mich zu beruhigen: »Reg dich nicht auf …

Was soll schon sein? Schau, ich sag' dir was: Ich bin einmal in Nürnberg als junger Mensch aufgetreten – ich schwör' es dir, ich hab' nicht gewusst, wo ich bin, wer ich bin, welches Stück das ist, welche Rolle, was ich sagen soll. Nichts! Aber irgendwie ist das auch zu Ende gegangen.«
In diesem Moment stürzte der Inspizient auf uns zu und schubste uns auf die Bühne hinaus. Auftritt. Da standen wir nun beide draußen, und Fred hatte den ersten Satz. Ich weiß noch, dass ich ihn erwartungsvoll ansah und auf seinen Satz wartete: Aber Fred Liewehr schaute mich nur an und sagt ganz ruhig und leise: »Nürnberg.«

Wenn man von Hängern am Theater spricht, kommt man natürlich nicht um Raoul Aslan herum. Raoul Aslan war einer der bedeutendsten Schauspieler des Burgtheaters, eine ungeheure Persönlichkeit, eine große Erscheinung, vielleicht gar kein so hervorragender Schauspieler, aber eine der ganz großen Persönlichkeiten des Theaters, der auch kurze Zeit Direktor des Burgtheaters war und sich insgesamt mit Recht für einen bedeutenden Mann des Theaters hielt.
Er war berühmt dafür, dass er alles, was er zu sagen hatte, aus dem kleinen Kasten da unten empfing, und die Souffleusen warteten gar nicht, ob es vielleicht zu einem Hänger kam, sondern in dem Augenblick, in dem Aslan auftrat, begann die Souffleuse wie ein Radioapparat zu reden.

Hermann Thimig und Raoul Aslan standen eines Tages gemeinsam auf der Bühne. Thimig zählte zu den ungeheuer merkfähigen Lernern, bei dem die Souffleuse nicht nur völlig überflüssig war, sondern sogar absolutes Sprechverbot hatte. Kein Wunder, dass es Hermann

Thimig wahnsinnig gemacht hat, wenn unten dauernd jemand redet.
Eines Abends nach der Vorstellung fragte Thimig deshalb: »Sag, Raoul! Stört dich das nicht, wenn die da unten dauernd redet?«
Darauf Aslan: »Stört den Kapitän auf hoher See das Geräusch der Schiffsschraube?«

Eines Tages musste Aslan von relativ weit hinten auftreten, hatte aber sofort Text. Nun saß vorne eine neue Souffleuse, die man gewarnt hatte, sie solle bei Aslan gar nicht zuwarten, sondern gleich und möglichst laut den Text ansagen. Also rief die Souffleuse, und zwar etwas sehr laut, aus dem Souffleurkasten »Heute ist Sonntag!«, was selbst für die Leute in der ersten Galerie unüberhörbar war. Aslan bemerkte sofort, dass das viel zu laut war, ging gelassen zur Rampe, wandte sich zum Publikum und sagte: »Wie wir alle eben gehört haben, ist heute Sonntag.«

Um beim nächsten Auftritt ein ähnliches Ereignis zu verhindern, legte er sofort nach dem Auftritt den Zeigefinger an die Lippen, als würde er »psst« sagen. Dann ging er ganz langsam in Richtung Souffleurkasten, bis er in seiner Position war. Dort beugte er sich huldvoll zum Souffleurkasten hinab, winkte der Souffleuse und sagte: »Jetzt!«

Einmal spielte Aslan Julius Caesar. Da man wusste, dass seine Textkenntnis eine ausgesprochen vulnerable war, hatte man im gesamten Bühnenbild Souffleure verteilt. Einer dieser Souffleure saß mit einer Taschenlampe ausgestattet direkt hinter dem Thron.
Eines Tages passierte das furchtbare Unglück, dass dem

Souffleur hinter dem Thron des Caesars die Batterie der Taschenlampe ausfiel, worauf er da hinten im Stockfinsteren saß und Aslan beim besten Willen nicht mehr soufflieren konnte.
Raoul Aslan wartete also auf den Text, doch es kam nichts. Er stand auf, musste die Positionen wechseln, damit es doch irgendwie weiter geht. Kurz gesagt: Das Ganze wurde zur schrecklichen Katastrophe.
In der Pause ließ Aslan wutentbrannt den Souffleur zu sich in die Garderobe rufen. Der kam zitternd und begann sich zu entschuldigen: »Herr Aslan, ich kann wirklich nichts dafür. Mir ist da hinten die Batterie der Taschenlampe ausgefallen. Ich hab' überhaupt nichts gesehen!«
Worauf ihn Aslan aufgebracht anfuhr: »Ja, können Sie Trottel denn diesen Text noch immer nicht auswendig?«

Aslans Lieblingssouffleuse war die berühmte Frau Hermanotti. Sie begleitete ihn ein halbes Leben lang und war auf ihn vollkommen eingespielt. Nun, der Aslan wurde älter, und die Frau Hermanotti wurde auch nicht jünger. Eines Tages geschah es, dass die auch schon alte Dame Hermanotti im Souffleurkasten eingeschlafen war. Oben saßen Aslan und Albin Skoda und hatten eine Szene. Aslan, gewohnt, die Sätze von unten hinaufgesagt zu bekommen, vernahm nun plötzlich nichts mehr.
Ein kurzer Blick hinunter in den Souffleurkasten genügte, und er wusste, was es geschlagen hatte. Also sagte er sehr laut zu Albin Skoda: »Sagen Sie, Graf, haben Sie auch schon so lange nichts mehr von Frau Hermanotti gehört?«
Die Frau Hermanotti unten hörte ihren Namen, schreckte auf, schlug mit dem Kopf fast gegen das Dach des

Souffleurkastens und blätterte hastig zur richtigen Seite, wodurch die Vorstellung gerettet war.

Nicht ganz so vornehm benahm sich in einem ähnlichen Fall der große Volksschauspieler Alexander Girardi. Als er eines Abends nicht weiter wusste, blickte er fragend in den Souffleurkasten. Die Souffleuse flüsterte leise, vornehm, diskret. Girardi verstand nicht und runzelte fragend die Stirn. Die Souffleuse flüsterte wieder – zu leise. Girardi runzelte schon strenger, und als er beim dritten Anlauf der Souffleuse den Text noch immer nicht hören konnte, beugte er sich zum Souffleurkasten, klatschte verzweifelt in die Hände und sagte laut: »Geh, Muatterl, mach doch aus dem Schas kein Geheimnis!«

Ein Volksschauspieler eben! Der sich auch einer durchaus volkstümlichen Redeweise bediente: Als er an das Hofburgtheater engagiert wurde – Girardi war damals schon ein berühmter Mann – und nach einiger Zeit von einem Kollegen gefragt wurde, wie es ihm denn dort gefiele, antwortete er: »Eh net so schlecht. Nur – wie s' mir den Doppeladler in den Arsch brennt haben, das hat weh getan!«

In dieser Volkstümlichkeit wurde Alexander Girardi nur von Oskar Sachs übertroffen. Dieser, ebenfalls Hof- und Burgschauspieler, war wegen seiner derben, ordinären Sprache sogar in Kollegenkreisen gefürchtet. Nun erfuhr die berühmte Fürstin Pauline Metternich, die gerne *Jours* für Damen und Künstler gab, von diesem Mann, lud ihn zum Tee und bereitete ihre Freundinnen darauf vor, welch exotischer Vogel heute erscheinen würde. Sachs kam, küsste höflich etliche Hände, nahm Tee und Kuchen, sprach fast nichts, begnügte sich mit einem gelegentlichen »Bitte« oder »Danke«.

Eine Zeit lang sah sich die in ihren Erwartungen enttäuschte Fürstin das an, dann aber sagte sie: »Was ist denn los, mein lieber Sachs? Sie sind so schweigsam heute, so zurückhaltend? Ich hab' Sie mir ganz anders vorgestellt. Sie sollen doch sonst so lustig sein!«

Darauf Sachs, sich entschuldigend, mit leisem Bedauern in der Stimme: »Aber Firschtin, i kaun Ihnen doch net schon in der ersten halben Stund' auf die Torten scheißen!« – Gefährlich ist's, den Leu zu wecken …

Pünktlichkeit ist eine Zier ...
oder: Wenn Schauspieler zu spät kommen

Unpünktlichkeit gilt als eine der »Todsünden« am Theater. Aber Unpünktlichkeit kommt vor – ganz genau wie alle anderen »Todsünden« auch. Ich habe jahrzehntelang gegen sie gekämpft, lange Jahre erfolglos, aber schließlich habe ich gesiegt.

Als Kind wohnte ich direkt neben der Volksschule. Meine Mutter schickte mich jeden Tag zehn Minuten vor acht Uhr von zu Hause weg, trotzdem kam ich dreimal in der Woche zu spät. Denn zwischen unserem Haus und der Schule befand sich eine Papierhandlung – das hat genügt. Immer war irgendetwas in der Auslage, das mich so faszinierte, dass ich zu spät kam.

Meine Eltern waren verzweifelt, später meine Direktoren, meine Regisseure und die Kollegen – jeder auf seine Art. Stoß hat gebrüllt wie ein Ochse, Schenk hat einen angesehen, als ob man nackt auf Schlittschuhen hereingekommen wäre, einige haben vorwurfsvoll auf die Uhr geschaut, manche Regisseure waren einfach beleidigt und redeten zur Strafe die ganze Probe über kein Wort mit mir – was nicht immer eine Strafe war.

Aber der stärkste Impuls in Richtung Pünktlichkeit ging zweifellos von Axel von Ambesser aus. Ich inszenierte mit ihm eine Komödie. Er war der Altmeister des Boulevards, und ich war ein blutjunger Regisseur. Natürlich fürchtete ich mich vor dem alten Mann ein wenig: »Wahrscheinlich wird er mir bei jeder Regieanweisung erklären, wie er das schon tausendmal mit Erfolg gemacht hat.« Genau das Gegenteil war der Fall. Ambesser war einfach bezaubernd.

Jeden Vorschlag nahm er mit geradezu überströmender Freude und Dankbarkeit an. Immer wieder kam er während der Proben, legte mir den Arm um die Schultern und sagte leise: »Ich finde es wunderbar, wie Sie das machen. Es ist ein Vergnügen!« Ab und zu, wenn er einen Vorschlag machte – und der war immer gut – sagte er fast scheu: »Verzeihung, tausend Jahre Boulevard hätten da eine Idee …«

Und ich kam zu spät zu den Proben! Nicht dramatisch, aber zu spät. Einmal drei Minuten nach zehn. Einmal fünf Minuten nach zehn. Einmal Punkt zehn Uhr. Manchmal sogar knapp vor zehn. Ambesser hat nie ein Wort gesagt. Eines Tages nach der Probe wartete er, bis alle weg waren, kam zu mir, der zwar immer als letzter kam, dafür aber auch als letzter ging, setzte sich neben mich und sagte freundlich: »Herr Marecek, Sie sind ein sehr guter Regisseur. Sie haben es nicht nötig, zu spät zu kommen!« Ich glaube, ich habe mich selten am Theater so geschämt wie in diesem Augenblick.

Am nächsten Tag war ich um halb zehn im Theater. Ich ging in die Garderobe – dort saß Ambesser bei Kaffee und Buttersemmel über seinem Textbuch, sah auf und strahlte mich an: »Na, ist das nicht viel gemütlicher?«

Soviel über angewandte Pädagogik. In keinem Buch über Kindererziehung habe ich etwas Besseres gefunden.

Gustaf Gründgens hat gesagt: »Ich verstehe ja, dass Schauspieler unpünktlich sind. Was ich nicht verstehe, ist, warum unpünktlich immer zu spät ist!«

Ein Schauspieler des Berliner Brecht-Ensembles war ein notorischer Zuspätkommer. Was ihn stets vor einem

Krach oder einem Strafzettel – sprich Geldstrafe – rettete, waren seine blühenden Ausreden. Er erfand jedes Mal so phantastische Gründe für sein Zuspätkommen, dass bei Brecht die Freude am Anhören dieser Geschichten über den Ärger wegen der Unpünktlichkeit siegte.
Als er aber einmal zu spät kam und sich mit einem plumpen »Entschuldigung, ich habe verschlafen!« aus der Affäre ziehen wollte, erhielt er einen Strafzettel – wegen Phantasielosigkeit!

Alexander Girardi nahm es mit der Pünktlichkeit ebenfalls nicht sehr genau. Als er einmal eine Stunde zu spät auf die Probe kam, sagte der Regisseur zu ihm: »Also, Xandl, ich wär' an deiner Stelle überhaupt nicht mehr gekommen!« Girardi antwortete ungerührt: »Ja, du, aber ich hab' eben an Charakter!«

Billy Wilder sagte über die wegen ihrer Unpünktlichkeit gefürchtete Marilyn Monroe: »Früher hat es genügt, sie für Montag zu bestellen, wenn man am Mittwoch mit ihr drehen wollte. Jetzt muss man sie für Mai bestellen, wenn man im September mit ihr drehen will.«

Am gelassensten nahm Otto Klemperer, der geniale Dirigent, die Verspätung von einigen Musikern auf. Als er auf einer Probe zu dirigieren begann, flüsterte ihm der Konzertmeister zu: »Herr Doktor, es fehlen noch einige Kollegen!« Klemperer, ungerührt weiter dirigierend, flüsterte zurück: »Die werden schon noch kommen.«

Klemperer wurde immer mit »Herr Doktor« oder »Herr Generalmusikdirektor« angeredet. Als ein Musiker einmal auf einer Probe eine Frage hatte und »Herr Klemperer ...« sagte, unterbrach ihn Klemperer: »Ach komm, sag doch Otto zu mir!«

Heinz Hilpert, der große Regisseur, verließ einfach fünf Minuten nach Probenbeginn das Theater, wenn ein Schauspieler fehlte. Gewöhnlich saß er dann – wenn das zum Beispiel im Theater in der Josefstadt passierte – zehn Minuten später auf der Terrasse des Hotels Sacher, trank in aller Ruhe eine Flasche Rotwein und las Zeitungen. Auch eine Methode, wahrscheinlich die wirkungsvollere.

Hilpert war überhaupt die Ruhe selbst. Einmal saßen nach der völlig missglückten Hauptprobe eines Stückes, das Hilpert inszeniert hatte, die Schauspieler der Josefstadt im Konversationszimmer und warteten niedergeschlagen auf den Krach, den Hilpert nun zweifellos machen würde. Aber Hilpert kam nicht.
Alle saßen und warteten, die Nervosität wurde immer größer. Endlich ging die Tür auf, herein kam Hilperts Assistent, ein sehr höflicher junger Mann, und sagte, leicht errötend: »Verzeihen Sie, meine Damen und Herren, aber ich soll Ihnen von Herrn Hilpert ausrichten, Sie können ihn alle am Arsch lecken!«

Der Regisseur Heinrich Schnitzler war der Sohn des berühmten Dichters und gleichzeitig lebhafter Beweis der Theorie, dass Begabung gelegentlich eine Generation einfach überspringt. Auch Heinrich Schnitzler hatte den Zuspätkommenden den Kampf angesagt. Als während der Proben zu einem Stück – leider habe ich vergessen, zu welchem – immer wieder Schauspieler zu spät zur Probe

kamen, wurde es ihm eines Tages zu bunt, und er rief zornig: »Ab morgen ist die einzige Entschuldigung für Zuspätkommen der eigene Todesfall!«
Am nächsten Tag kam »Schorschi« Bucher, Kärntner Original, um sage und schreibe zwanzig Minuten zu spät. Schnitzler röhrte auf: »Herr Bucher! Was habe ich gestern gesagt?«
Bucher unterwürfig, in leisem Kärntnerisch: »Herr Professor, Sie werden es wahrscheinlich nicht glauben – aber ich war zwanzig Minuten scheintot!«

Aber auch schaden kann Überpünktlichkeit. Hermann Prey kam einmal nach London, zwei Tage vor einem Konzert, und stellte indigniert fest, dass sein Liederabend nirgends angekündigt war. Kein Plakat, kein Hinweis, nichts. Empört schritt er ins Sekretariat der Albert Hall: »Heute ist der 2. Mai, ich singe am 4. Mai! Wieso hängt nirgendwo ein Plakat?«
Erstaunt – und wahrscheinlich »very british« – sagte die englische Sekretärin: »Das ist richtig, Herr Prey, Sie singen am 4. Mai bei uns – nächstes Jahr!«

Die schrecklichste Variation zum Thema Unpünktlichkeit, bei deren Erwähnung jeder Schauspieler – je nach Weltanschauung – sich bekreuzigt, auf Holz klopft, dreimal ausspuckt oder jäh erblassend einen heimlich eingesteckten Talisman in der Tasche drückt, ist die »Versäumte Vorstellung«! Ich glaube, es gibt im zivilen Leben, draußen in der Welt, kein vergleichbares Ereignis.
Dieser Super-Gau ist bis jetzt an mir vorbeigegangen, aber – klopf, klopf, klopf, spuck, spuck, spuck, wo ist mein kleiner roter Löwe aus Tibetkoralle, meine kleine Achat-

Schildkröte, mein abgegriffener Bernstein? Ah, alle da. Gut!
Gefeit ist keiner von uns. Einmal hätte ich fast eine Vorstellung versäumt – wirklich ohne eigene Schuld, und einmal glaubte ich nur für einige Sekunden, während ich im Kino saß, ich würde gerade eine Vorstellung versäumen.
Was sich in diesen Sekunden im Körper eines Schauspielers abspielt, würde bei jedem Labortest ungläubiges Kopfschütteln der Ärzte erzeugen. Die Körpertemperatur wird schlagartig tropisch, das Blut verwandelt sich zu Lava, der Puls bewegt sich in Richtung Lichtgeschwindigkeit, und es wird eine Adrenalinmenge ausgeschüttet, die dem Jahresbedarf eines österreichischen Ministeriums entspricht.

Ich habe in zwei Produktionen mitgewirkt, wo Kollegen dieser »größte aller Schrecken« widerfuhr. Beide Male waren es Kollegen, die geradezu »berüchtigt« diszipliniert, verlässlich, pünktlich, fast pedantisch waren. Einmal passierte es Ernst Stankovski in *Der Unmensch*. Er hatte einfach vergessen. Als er blass und verstört am Tatort Theater an der Wien eintraf, war das Publikum schon nach Hause geschickt worden. Einige von uns haben auf ihn gewartet, ihn umarmt, gestreichelt, den Schluchzenden geküsst und getröstet – wie einen Fußballer, der beim Elfmeter-Schießen eines WM-Finales daneben geschossen hat!
Das andere Mal hatte Josef Meinrad, der Pünktlichste, der Verlässlichste von allen, aus irgendeinem unerfindlichen Grund eine Vorstellung der Salzburger Festspiele von *Was Ihr wollt* im Jahr 1972, in der er den Malvolio spielte, nicht in seinen Terminkalender eingetragen.
Um halb acht Uhr war Vorstellungsbeginn. Um sieben

war Meinrad noch nicht im Theater. Ungewöhnlich! Fünf Minuten nach sieben rief jemand in seinem Salzburger Domizil an. Keine Antwort. Zehn Minuten nach sieben wurde sicherheitshalber in seinem Haus in Wien-Mauer angerufen – und er hob ab!

Können Sie sich vorstellen, was in einem Schauspieler vorgeht, der in Wien angerufen wird und erfährt, dass in zwanzig Minuten seine Vorstellung bei den Salzburger Festspielen beginnt?

Es gibt einige wenige Kollegen, mit denen ich nicht unbedingt wieder gemeinsam arbeiten muss, und es gibt nur sehr, sehr wenige Kollegen, mit denen ich, wenn's irgendwie geht, gar nicht mehr arbeiten möchte. Aber es gibt keinen einzigen, dem ich auch im allergrößten Zorn so etwas wünschen würde!

Geschweige denn dem geliebten »Peppi«, der während unserer gemeinsamen Festspielzeit in Salzburg neben mir wohnte und mich manchmal mit seinem Rolls-Royce mit ins Theater – ich spielte den Fabio – nahm.

»Du musst dir unbedingt so ein Auto kaufen! Du kannst dir nicht vorstellen, wie viel Geld du dir an Reparaturen ersparst! Beim Rolls wird einfach nix hin! Fantastisch!«

Auf meinen zarten Einwand, dass der Kaufpreis ungefähr fünf meiner Jahresgagen an der Josefstadt entspräche, sah er mich erschrocken an: »Wirklich? Schrecklich! Entschuldige!«

Ich besuchte ihn oft nachmittags, wenn er im Garten, wie Franz von Assisi umlagert von Hunden und Vögeln, bei einem Glas Milch schnitzte oder drechselte.

Was Ihr wollt wurde also an jenem Tag abgesagt, konnte aber am nächsten Tag nachgeholt werden. So war also dem »Peppi« zumindest der ungeheure Schadenersatz

einer versäumten Festspielvorstellung erspart geblieben – ein halber Rolls-Royce!
Die Kollegen spielten selbstverständlich die Ersatzvorstellung umsonst, nur der Technik musste ihr freier Tag abgelöst werden. Damals 12 000,– Schilling. Was Klaus Maria Brandauer, den Herzog in Shakespeares Komödie, zu dem Satz veranlasste: »Wenn der Peppi die 12 000,– Schilling zahlen muss, wird ab sofort der Iffland-Ring nicht mehr weitergegeben, sondern an den Höchstbieter versteigert!«

Meinrad kam also schwer gezeichnet am nächsten Tag ins Theater, ging zitternd und bleich von Garderobe zu Garderobe, um sich bei allen Kollegen mit Tränen in den Augen zu entschuldigen. Dann beschloss er, vor der Vorstellung vor den Vorhang zu gehen, um sich auch beim Publikum zu entschuldigen – viele waren ja schon gestern da gewesen.
Blitzschnell war ich auf der Bühne, stellte mich neben den Schlitz im Vorhang. So einen Auftritt durfte ich mir nicht entgehen lassen. Und ich wurde belohnt! Meinrad trat auf – halb Meinrad, halb Malvolio – die langen nackten weißen Arme hingen traurig herunter, tief gebeugt kam er durch den Vorhang. Eine ergreifende Mischung aus Jesus und Don Quijote. Tosender Applaus! Minutenlang! Als hätte sich das gesamte Publikum verabredet, ihm, dem Verzweifelten, Trost und Beifall zu spenden. Er konnte kaum zu reden beginnen. Immer wieder wurde er von Applaus unterbrochen. Ich glaube nicht, dass er je während der Aufführungsserie auch nur annähernd so einen Applaus hatte, obwohl er ein wunderbarer Malvolio war.

Endlich wurde es still. Noch heiserer als sonst begann er: »Ich weiß, dass es für das, was gestern passiert ist, keine Entschuldigung gibt! (Applaus) Ich möchte mich trotzdem bei Ihnen allen entschuldigen. Ich danke allen, die schon gestern hier waren und heute wieder hier sind! (Applaus) Ich bedanke mich bei allen Kollegen, die sich spontan bereit erklärt haben, es heute noch einmal mit mir zu versuchen.« (Applaus, Lachen) – Dann, nach einer kleinen Pause, sehr leise, die Stimme noch eine Spur belegter: »Aber am meisten möchte ich mich doch bei denen bedanken, die gestern gesagt haben: ›Hoffentlich ist ihm nix passiert!‹«
Das Landestheater Salzburg verwandelte sich in einen Hexenkessel! Bravorufe! Standing Ovations! Minutenlanger orkanartiger Applaus! Der Lohn für 24 Stunden tiefe Verzweiflung, Selbstvorwürfe, und seelische Höllenqualen.
Nach der Vorstellung lud er, der Sparsame, das ganze Ensemble zu einem Fest in den Bacchus-Keller. Der Iffland-Ring wurde trotzdem nicht an den Höchstbieter versteigert, sondern Meinrad vermachte ihn still und heimlich, so wie das alle Iffland-Ring-Träger tun. Seit Meinrads Tod trägt Bruno Ganz den Ring.

Mein Josefstadt-Kollege und Freund Kurt Heintel war ohne Urlaubsschein nach München geflogen, um seine Agentin und einen Filmregisseur zu treffen. Nun war es streng verboten, ohne besagten Urlaubsschein am Tag einer Vorstellung die Stadt zu verlassen. Heintel fragte daher bei Direktor Stoß um die Erlaubnis an, nach München fliegen zu dürfen.
Stoß gab diese Erlaubnis nicht. Es war Winter, und Stoß

war der Flug nach München zu riskant. Kurt flog trotzdem. Der Film lockte! Sonntag zu Mittag war das Treffen, um 15 Uhr gab es eine Nachmittagsmaschine, mit der er bequem zur Abendvorstellung wieder in Wien sein konnte.

Aber das Wetter hatte sich gegen ihn verschworen. Die 15-Uhr-Maschine wurde abgesagt. Eine, die um 16 Uhr aus Amsterdam hätte kommen sollen, ebenfalls. Nun wurde es langsam kritisch. Heintel rief Stoß in Wien an und gestand ihm sein »unerlaubtes Entfernen von der Truppe«.

»Ja, lieber Kurt, ich habe dich gewarnt. Was soll ich jetzt machen? Wenn ich absagen muss, zahlst du die Vorstellung! Ganz einfach!«

Eine ausgefallene Vorstellung aus eigener Tasche bezahlen zu müssen, bedeutete einige Monatsgagen!

Stoß hatte immerhin eine rettende Idee: »Das einzige, was ich für dich tun kann, Kurt, ich ruf' die Polizei an, und bitte sie, dass sie dir eine Funkstreife nach Schwechat schicken. Solltest du doch noch ein Flugzeug erreichen, dann wirst du mit Blaulicht ins Theater gefahren. Also, Servus, Kurt, und toi, toi, toi!«

Kurt erreichte ein Flugzeug nach Wien. Um 23 Uhr. Als er um Mitternacht in Schwechat landete, war die Stadt, und vor allem die Josefstadt, in tiefes Dunkel gehüllt, die Abonnenten waren schon längst in ihren warmen Betten. Die Vorstellung war abgesagt worden.

Heintel, ein gebrochener Mann, wankte durch die leere Ankunftshalle. Es saßen nur zwei Polizisten dort – schon seit Stunden –, die sich die Wartezeit offenbar mit Punsch oder Glühwein verkürzt hatten. Einer wurde Heintels ansichtig, sprang auf, ging mit unsicheren Schritten, aber

strahlend auf ihn zu, salutierte fröhlich und sagte: »Herr Heindl, mir san do! Jetzt kann nix mehr passieren!«
Es erübrigt sich natürlich, hinzuzufügen, dass aus besagtem Film nie etwas geworden ist.

Pünktlichkeit gehört sicher zu den Grundtugenden unseres Berufes, alles ist einfacher und störungsfreier. Am Theater ist Unpünktlichkeit peinlich und unkollegial, beim Film – noch viel schlimmer – kostet sie Geld! Deshalb ist Unpünktlichkeit dort die schlimmste aller Sünden überhaupt!

Heute sitze ich – das heißt meistens liege ich – auf einem Diwan, so vorhanden, oder auf einem eigens mitgebrachten Campingbett zwei Stunden vor einer Vorstellung in meiner Garderobe und blättere im Kopf durch meinen Text. Gelegentlich auch mit Kaffee und Buttersemmel. Ambesser hatte recht. Das ist wirklich viel gemütlicher.
Wie hat der wunderbare Noël Coward gesagt, als er nach dem Geheimnis unseres Berufes gefragt wurde: »Be on time, know your lines, and don't bump into the furniture!« (»Seien Sie pünktlich, können Sie Ihren Text, und rennen Sie nicht gegen die Möbel!«)

So einfach ist das. Dem ist nichts mehr hinzuzufügen.

Leinwandhelden oder: Schauspieler, bekannt aus Film und Funk

Einer der wenigen Schauspieler, die dem eloquenten Fritz Kortner Paroli bieten konnten, war Heinz Rühmann. Kortner inszenierte wieder einmal in München, und zwar Becketts *Warten auf Godot* mit Rühmann und mit Martin Held. Im Laufe der üblichen Kritik nach Proben kam er zu Heinz Rühmann und sagte: »… und dieser Kleine da, der …, der Rüh…, der Rühbauer oder Rühdorfer, oder wie der heißt …«
Rühmann ging ganz ruhig nach vor an die Rampe, schaute in den Zuschauerraum hinunter, wo Kortner saß, und sagte: »Wohl Föhn, Opa, wa?«

Nun war Heinz Rühmann überhaupt ein besonderer Mann, der außerdem jenem Image, das er wegen seiner Filmrollen hatte, im Privatleben so gar nicht entsprach. Es gab eine Begegnung mit Hans Albers in dem Film *Der Mann, der Sherlock Holmes* hieß. Albers spielte Sherlock Holmes und Rühmann seinen Kompagnon Dr. Watson. Hans Albers, kein großer Freund des Textlernens, hatte sich den ganzen Horizont des Studios mit so genannten »Negern« voll plakatieren lassen. Dazu muss man wissen, dass »Neger« in der Fachsprache große schwarze Kartons und Tafeln sind, auf die mit weißer oder gelber Kreide ein Satz oder ein Wort geschrieben wird, das sich der jeweilige Schauspieler schwer merkt.
Bei Albers war es allerdings so, dass die gesamte Rolle dort aufgeschrieben war. Weswegen böse Zungen behaupten, dieser faszinierende, in unendliche Ferne gehende Blick

aus den großen blauen Augen des Hans Albers wäre nur deshalb entstanden, weil er immer versucht hat, diesen doch relativ weit entfernten Text zu entziffern.
Rühmann war das Gegenteil von Albers: ein pedantischer Textlerner, einer der diszipliniertesten Schauspieler. Aber es passierte, was passieren musste: Eines Tages »hing« Rühmann während einer Aufnahme, und die Szene musste abgebrochen werden.
Albers, solche Situationen mehr als gewohnt, gab den guten Ratschlag: »Rühmann, stellen Sie sich doch 'nen ›Neger‹ rein!«
Worauf Rühmann meinte: »Ist ja keiner mehr frei, die haben ja alle Sie!«

Während dieses Films hatte Hans Albers eine Liaison mit einer Komparsin. Es war ein offenes Geheimnis, alle Kollegen wussten davon. In der Mittagspause, während die Schauspieler und der Stab in die Kantine Mittagessen gingen, verschwand Albers mit dieser jungen Kollegin in seiner Garderobe.
Eines Tages, während der Mittagspause, ging Heinz Rühmann mit dem Regisseur und dem Kameramann an der Albers-Garderobe vorbei. In diesem Augenblick sagte Rühmann: »Stellt ihm doch 'nen ›Neger‹ rein: ›Ficken nicht vergessen.‹«

Eine der originellsten Figuren des österreichischen Films war der Schauspieler Oskar Sima, ein Mann mit vielfältigsten Eigenheiten. Überflüssige Bewegungen in einer Szene waren seine Sache nicht. Eines Tages bat ihn der Regisseur: »Herr Sima, können Sie vielleicht bei diesem Satz aufstehen und dort hinübergehen?«

Worauf Sima meinte: »Wollen Sie mit mir einen Harry-Piel-Film dreh'n?«
(Für alle, die sich nicht genau erinnern: Harry Piel war der berühmteste Sensationsdarsteller des Stummfilms, der alle gefährlichen Stunts selbst spielte, ein direkter Vorfahre von James Bond & Co.)

Berüchtigt war Oskar Sima wegen seiner Geldgier. Diese Eigenschaft bestimmte vor allem seine Gagenforderungen. Außerdem war Oskar Sima überaus geizig, was sich sogar auf seine privaten Einladungen niederschlug. Wenn er in sein Haus im Tullnerfeld Gäste lud, servierte er ihnen nur das, was im eigenen Garten wuchs. Einmal meinte er allen Ernstes: »Den Meinrad lad' ich nimmermehr ein, der trinkt Mineralwasser, das muss ich kaufen.«

Oskar Sima war auch dafür bekannt, dass er am Morgen jedes Drehtages ein Akonto auf seine Gage verlangte, und zwar mit der unwiderlegbaren Begründung: »Ohne Akonto fällt mir kein Text ein.«
Es war das reinste Ritual: Immer in der Früh zu Drehbeginn kam der Aufnahmeleiter oder der Kassier in die Garderobe Oskar Simas und brachte ihm sein Akonto. Möglicherweise war diese Marotte dadurch entstanden, dass er einmal gedreht hatte und gar keine Gage erhielt oder dass er ihr hinterherlaufen musste.

Vor Jahren wurde am Semmering ein Film gedreht. Man wollte in der Früh zu drehen beginnen, aber der Kassier mit dem Akonto war noch nicht da. Also sprach Sima wieder seinen berühmten Satz: »Ohne Akonto fällt mir kein Text ein!«

Es kam der Regieassistent: »Herr Sima, bitte, wir müssen drehen! Die Sonne geht uns weg, und der Kassier ist zu Mittag da und Sie kriegen zu Mittag Ihr Geld.«
»Nein, nicht zu Mittag, jetzt möchte ich das Geld haben!«
Also kam der Aufnahmeleiter auf die grandiose Idee einer Kollekte: Er ging von Schauspieler zu Schauspieler und von Stabmitglied zu Stabmitglied und borgte von jedem zwanzig oder fünfzig oder hundert Schilling, je nachdem, was der- oder diejenige gerade entbehren konnte, um Sima das geforderte Akonto bezahlen zu können. Schweißtriefend kam er eine Viertelstunde später in Oskar Simas Garderobe: »Entschuldigen Sie, Herr Sima«, sagte er, als er dem Schauspieler die zwei- oder dreitausend Schilling Akonto brachte, »dass es lauter kleine Scheine sind.«
Worauf Sima – nun ganz freundlich gesinnt – antwortete: »Spielt keine Rolle, beim Geldzählen habe ich Finger wie der Yehudi Menuhin.«

Der sehr gute, sehr vornehme Alfred Neugebauer hat einmal einen Film mit Oskar Sima gedreht. Alfred Neugebauer war – abgesehen davon, dass er auch wunderbare Geschichten zu erzählen verstand – ein großartiger Schauspieler, einer, den man heute als *père noble* bezeichnen würde: ein sehr eleganter Mann mit einem leicht grau melierten Schnurrbart, der auf der Bühne des Burgtheaters ebenso zuhause war wie auf jener der Josefstadt.
Was Alfred Neugebauer zusätzlich auszeichnete, waren seine ungemein feinen Umgangsformen. Eines Abends kam er in den Gasthof, in dem während der Dreharbeiten alle wohnten, und sah Oskar Sima mit einigen Leuten Karten spielen. Neugebauer fragte Sima, was denn hier

gespielt würde, worauf Sima antwortete: »Alfred, setz dich her, wir pokern. Das ist ein Spiel, das sie in den englischen Clubs spielen.«

In dem Augenblick, als sich Neugebauer dazusetzte, sagte der steirische Kameramann in breitestem Dialekt zu Oskar Sima: »Oskar, du fehlst mit einem 50er-Chip.«

Darauf Sima, ebenfalls in breitestem, allerdings Wiener Dialekt: »Na, ich fehl' mit kan 50er-Chip.«

»Oja, Oskar, du fehlst mit an 50er-Chip.«

»Na«, Sima wieder, »ich fehl' mit kan 50er-Chip. Wannst noch amal sagst, ich fehl' mit an 50er-Chip, fahr' i da mit beide Händ' in die Gosch'n und reiß' da s' bis zu de Uhrwascheln auseinander.«

Darauf erhob sich Alfred Neugebauer von seinem Sessel und sagte nichts weiter als »Good night, gentlemen!«

Einkaräter

Eine Geschichte mit Fred Liewehr, die er mir einmal erzählte, spielt im Jahr 1947, und zwar handelt es sich um die berühmte *Räuber*-Inszenierung von Walter Felsenstein am Burgtheater, das damals im Ronacher untergebracht war. Fred Liewehr spielte Karl Moor, Albin Skoda Franz Moor, Curd Jürgens spielte Schweizer und Heinz Moog war Spiegelberg. In den schillerschen *Räubern* gibt es diese berühmte Szene im letzten Akt, in der Schweizer den Spiegelberg ersticht, weil er draufkommt, dass Spiegelberg seinerseits einen Anschlag auf den Hauptmann plant. Dann kommt Karl Moor, sieht den ermordeten Spiegelberg am Boden liegen, und Schweizer steht neben ihm.

Nun war es im Jahr 1947 so, dass sich die Schauspieler – wie viele andere Leute auch – hauptsächlich von irgendwelchen wurmigen Erbsen oder irgendwelchen abgelaufenen Konserven ernähren mussten, und gelegentlich merkte man das auf der Bühne, indem sich ein Überkonsum an Erbsen gasförmig sozusagen Luft verschaffte.

Fred hat erzählt, dass er eines Abends auftrat, und eine Gaswolke von Erbsen über der Bühne hing. Er schaute die Kollegen an, und jeder schaute betreten weg – was noch gegangen wäre, wenn sein Auftrittssatz nicht gelautet hätte: »Das hast du nicht getan, Schweizer!«

Gemäß Felsensteins Inszenierung stand Curd Jürgens, der den Schweizer spielte, an der Rampe, die Arme seitlich eingestemmt und hatte zu sagen: »Bei Gott, ich hab's wahrlich getan. Und es ist beim Teufel nicht das Schlechteste, was ich in meinem Leben getan habe.«

Von Raoul Aslan stammt der wahrscheinlich hybrideste Satz, den je ein Schauspieler über die Lippen gebracht hatte. Als es darum ging, was wer alles spielen kann, sagte Aslan schlicht: »Hängt mir einen blauen Fetzen um, und ich spiele das Mittelmeer!«
Um diesen Satz aussprechen zu können, darf man an keinem beschädigten Selbstbewusstsein leiden.

Apropos Selbstbewusstsein: Als es einmal unter Kollegen ein Gespräch gab, in dem es darum ging, zu welcher Zeit jeder am liebsten gelebt hätte, meinte Aslan: »Für mich wäre die schönste Zeit die Antike gewesen. Ich hätte furchtbar gerne in dieser wunderbaren Antike gelebt.«
Irgendjemand sagte: »Aber Raoul, so schön war ja die Antike vielleicht auch nicht – ich meine, denk einmal an die vielen Sklaven, die es gegeben hat.« Darauf Aslan: »Glaubst du denn, ich wäre Sklave gewesen?«

Die wahrscheinlich berühmteste Aslan-Anekdote in Sachen Selbstbewusstsein handelt von jener Rolle, die er im Prozess Hans Weigel versus Käthe Dorsch spielte. Die Vorgeschichte: Hans Weigel hatte eine schauspielerische Leistung der Käthe Dorsch höchst abwertend kritisiert, worüber sich Käthe Dorsch ungeheuer echauffierte und wutentbrannt fragte: »Wo ist dieser Weigel, und wie kann ich den kriegen?« Da haben ihr die Kollegen gesagt: »Du, Käthe, der sitzt jeden Tag am Vormittag von zehn bis eins im Café Raimund vis-à-vis vom Volkstheater.«
Gleich am nächsten Tag stürzte die von heiligem Zorn glühende Käthe Dorsch ins Café Raimund – und richtig, da saß der Weigel, unverkennbar mit seinen drei Brillen übereinander und mit der Pfeife im Mund. Dann ging

alles sehr schnell: Käthe Dorsch kam herein, pflanzte sich vor Weigel auf, fragte sicherheitshalber noch »Sind Sie der Hans Weigel?«, und während er noch »Ja!« sagte, hat er zwei derartig temperamentvoll verabreichte Ohrfeigen bekommen, dass sämtliche Brillen und die Pfeife wie wild gewordene Ufos durchs Café Raimund flogen.
Der Weigel sah zwar ein, dass ein Schauspieler beleidigt ist, wenn man ihn schlecht kritisiert – aber das ging doch zu weit! Deshalb hat er Käthe Dorsch geklagt.

Im Wiener Landesgericht kam es einige Zeit später zu diesem Ohrfeigen-Prozess, und zwecks objektiver Urteilsfindung marschierten viele Burgschauspieler als Zeugen auf. Der letzte, der in den Zeugenstand trat, war Burgtheater-Direktor Raoul Aslan.
Aslan begann seine Zeugenaussage mit den Worten: »Ich fordere für Hans Weigel die Todesstrafe, denn er hat auf das Burgtheater geschimpft, und das ist Gotteslästerung. Sollte das mit der Todesstrafe nicht durchführbar sein, fordere ich zumindest die Verbannung nach Deutschland. Und das sage ich, der größte Schauspieler deutscher Zunge.«
Der Prozess ging zu Ende, Käthe Dorsch wurde zur Zahlung von 500,– Schilling Schmerzensgeld verurteilt. Anschließend saßen die Schauspieler des Burgtheaters vis-à-vis im Batzenhäusl oder im Laterndl und feierten bei Frittatensuppe und Kalbsnierenbraten den glimpflichen Ausgang des Prozesses. Ganz zum Schluss, alle anderen Kollegen waren schon rund um die Angeklagte versammelt, kam Raoul Aslan herein und fragte in getragenem Tonfall: »Wie war ich?«
Alle sagten: »Wunderbar, Raoul, und natürlich … wie

immer … und ein toller Auftritt« und so weiter und so fort.
Nur einer wagte es, einen kleinen Einspruch zu erheben: »Also das mit dem besten Schauspieler deutscher Zunge, das hättest du vielleicht nicht unbedingt sagen müssen.«
Darauf Aslan verwundert: »Doch. Ich stand unter Eid.«

Gisela Werbezirk – die übrigens in Friedrich Torberg einen großen Bewunderer hatte und deshalb auch in seine unsterblichen *Tante-Jolesch*-Anekdoten Eingang fand – war eine äußerst beliebte und populäre Schauspielerin.
Ins nahe der Staatsoper gelegene Café Museum kam nun jeden Abend eine Blumenfrau, die sich als Schwester der Werbezirk ausgab. Das hat man – mit dem Unterton der Empörung – Gisela Werbezirk zugetragen: »Sie verdienen so viel, und Ihre arme Schwester muss so zerlumpt mit dem Veilchenkörberl …«
»Ich habe überhaupt keine Schwester«, beteuerte die solcherart Zurechtgewiesene.
Aber wer glaubt schon dem Beschuldigten … Also ist Gisela Werbezirk ins Café Museum gegangen, hat sich hingesetzt und auf die Veilchenverkäuferin gewartet. Als sie schließlich kam, rief die Werbezirk sie an ihren Tisch und sagte zu der Blumenfrau: »Passen Sie auf. Da haben Sie 200,– Schilling – und ab heute sind Sie die Schwester von der Jeritza.«

Gustaf Gründgens inszenierte bei den Salzburger Festspielen *Die Räuber*. Während der Proben fiel ihm ein großer, blonder, stattlicher, junger Komparse auf.
Gründgens, der gerne mit seiner Homosexualität kokettierte, fragte interessiert: »Wie heißen Sie?«

Der Komparse: »Hinterstosser.«
Gründgens (leise zu den neben ihm Sitzenden): »Ah, eine kleine Aufmerksamkeit der Festspieldirektion!«

Gründgens, zu Heinz Reincke, der jede Vorstellung mit stimmlichem und körperlichem »Volldampf« spielte: »Heinz, bitte, spiele nicht jeden Abend so, als müsstest du die Vorstellung retten!«

Gründgens, als er *Don Carlos* inszenierte und selber den Philipp spielte, beim Einteilen der Verbeugungsordnung: »Als letzter gehe ich hinaus und verbeuge mich. Allein. Ihr wartet in der Kulisse. Also, ich verbeuge mich. Dann winke ich euch zu – und dass mir da ja keiner kommt!«

Als Freunde Ferenc Molnár bedauerten, dass seine schöne Frau Lilly Darvas etliche Verhältnisse hätte, sagte er stolz: »Ja, aber ich bin der Einzige, von dem sie Geld nimmt!«

Molnár zum gleichen Thema: »Lieber zwanzig Prozent an einer guten Sache als hundert an einer schlechten!«

Einmal betrat Ferenc Molnár einen Raum, in dem gerade Hans Jaray saß (dem man auch eine »enge« Beziehung zur Darvas nachsagte). Jaray war in ein Buch vertieft und erschrak. Molnár, lächelnd: »Jaray, warum fahren Sie allein auseinander?«

Eines Tages traf Molnár in der Emigration in New York einen Freund, der ebenfalls Emigrant war. Als dieser sich bitterlich über das Wetter in New York beschwerte, antwortete Molnár pragmatisch: »Lieber Freund, du bist ja auch nicht wegen des Klimas hier!«

Kein Mensch würde sich heute noch an Karl Kalivoda erinnern, den kleinen, unscheinbaren Chargenspieler an der Josefstadt, hätte er sich nicht durch die folgende Geschichte in die Chronik des Hauses eingetragen: Dagny Servaes, legendäre Buhlschaft der Salzburger Festspiele, stolze Besitzerin eines beeindruckenden Dekolletés, wurde von Kalivoda im Theater immer devotest begrüßt: »Guten Morgen, Majestät!« Wenn sie ins Konversationszimmer wollte, riss Kalivoda die Tür auf, verbeugte sich tief: »Bitte einzutreten, Majestät!« Wann immer Kalivoda Dagny Servaes ansprach, tat er dies per »Majestät«.

Eines Tages wurde es Servaes zu dumm und sie sagte irritiert: »Sagen Sie, Kalivoda, was ist denn das Blödes? Warum sagen Sie denn immer ›Majestät‹ zu mir?«

Kalivoda, sich respektvoll verbeugend, im Tone der tiefsten Bewunderung: »Weil Sie sind für mich die Tuttelkönigin!«

Schriftsteller und Dichter

»Bis zum Lorbeer versteig' ich mich nicht. G'fallen sollen meine Sachen, unterhalten, lachen sollen d' Leut', und mir soll die G'schicht a Geld tragen, daß ich auch lach', das is der ganze Zweck. G'spaßige Sachen schreiben, und damit nach dem Lorbeer trachten wollen, das is eine Mischung von Dummheit und Arroganz; das is g'rad' so als wie wenn einer Zwetschken-Crampus macht, und giebt sich für einen Rivalen von Canova aus.«

Johann Nestroy

Friedrich Torberg oder: Im Olymp der Anekdote

Torberg kennen zu lernen war ein »Urerlebnis!« Ich, der so leidenschaftlich gerne Geschichten hört, war ihm, der so wunderbar Geschichten erzählen konnte, vom ersten Moment an verfallen. Gelegentlich kam er zum haeussermanschen Stammtisch und war dort natürlich ein mehr als gern gesehener Gast. Eines Abends kam das Gespräch auf *Hamlet,* und Torberg vertrat die Ansicht, dass der berühmte Satz »Es ist was faul im Staate Dänemark« eine falsche Übersetzung Wilhelm Schlegels wäre. Es hätte nämlich zu dieser Zeit so etwas wie einen »Staat Dänemark« gar nicht gegeben. Das shakespearesche »There's something rotten in the state of Denmark« müsste demnach anders übersetzt werden, denn »state« hat im Englischen zwei Bedeutungen und heißt sowohl »Staat« als auch »Zustand« – richtig wäre also: »Es ist was faul am Zustand Dänemarks.« Haeusserman fand, man könne diesen berühmten Satz nicht ändern. Torberg aber bestand darauf: »state« heißt »Zustand«! In diesem Augenblick läutete das Stammtisch-Telefon, das immer neben Haeusserman stand, er hob ab und sagte zu Torberg: »Das wird wahrscheinlich der Hacker sein, der ruft um diese Zeit immer aus den ›Vereinigten Zuständen von Amerika‹ an.«

War Torberg nicht am Stammtisch, ging ich anschließend in die Fledermaus – eine ehemals berühmte Bar in Wien –, weil ich hoffte, ihn dort zu treffen. Und da war er, Gott sei Dank, oft genug, weil er tagsüber schlief und nachts, wenn er nicht arbeitete, seine Streifzüge unternahm.

Das Schöne an Torberg war, dass man ihn nicht lange bitten, ihm nicht irgendwelche Geschichten aus der Nase ziehen musste, nein, das allerkleinste Stichwort genügte – und Schleusen öffneten sich!
Oft bedurfte es nicht einmal eines Stichwortes, er begann einfach: »Hab' ich dir eigentlich schon die Geschichte erzählt, wo ich in Hollywood beim Paul Kohner eingeladen war …?« oder »Der Peter Hammerschlag hat einmal über die Stella Kadmon gesagt …« oder »Wenn der Karl Kraus das gehört hätte …« oder »Beim Match Hakoah gegen Austria im Jahr 1934, das in folgender Aufstellung gespielt wurde …« (unnötig zu erwähnen, dass er die Aufstellung beider Mannschaften auswendig im Kopf hatte).
Nächtelang wurden Geschichten erzählt. Und wenn wir uns Mitte September trafen – er hatte einen Tag vor mir Geburtstag (ein Tag und eine Generation), durfte ich mir eine »Geburtstagsgeschichte« wünschen.

Gelegentlich leistete auch ich einen kleinen bescheidenen Beitrag – und es gibt Weniges, auf das ich so stolz bin, wie wenn es mir gelang, ihn, den Großmeister der Anekdote, mit einer Geschichte zum Lachen zu bringen. Und er konnte lachen! Kopfschüttelnd, prustend, Rauch aus der Nase stoßend, Tränen in den Augen. Und vor allem konnte er wunderbar lächeln! Wenn er lächelte, verstand man, dass man einem berüchtigten *homme à femmes* gegenübersaß.
Wenn ein »Neuer« an unserem Tisch saß, konnte es durchaus vorkommen, dass Torberg sagte: »Heinz, erzähle die Geschichte vom Stoß auf der Hauptprobe!« Wehe aber, ich erzählte eine schlechte Geschichte, machte einen billigen Witz – dann blitzte er mich streng durch seine

Brillengläser an, schüttelte missbilligend den Kopf und sagte leise, als müsste er sich meiner in der Öffentlichkeit schämen: »Das ist unter deiner Würde!« Natürlich trug jedes Mal er den Löwenanteil zu den nächtlichen Sitzungen bei. Wenn er eine Geschichte ein zweites oder drittes Mal – mit leicht verändertem Wortlaut – erzählte, merkte ich, wie er uns beobachtete, welche Wirkung die jeweilige »Fassung« auf uns hatte. Und er nickte zufrieden, wenn sich unser Lachen in Richtung Erstickungsanfall entwickelte.

Manchmal denke ich, dass wir damals so eine Art Versuchskaninchen für die *Tante Jolesch* waren, denn als dieses Buch erschien, fand ich dort natürlich viele Geschichten wieder, die ich schon kannte – und zwar immer genau in jener Version, die in der Fledermaus den größten Erfolg gehabt hatte.

Jahrelang zierte meine Bibliothek ein Exemplar der *Tante Jolesch*, das folgende Widmung trug: »Lieber H. M. Ein kleiner Dank für viele köstliche Geschichten! Dein F. T.« Irgendein Teufel hat dieses Buch einmal eingesteckt. Wie hätte F. T. gesagt: »Der Schlag soll ihn treffen!«

Eine Schallplatte mit der Aufnahme zweier Geschichten, von ihm selbst gelesen – *Die Ballade vom geleckten Arsch* und *Zum fünftausendsiebenhundertzweiten Geburtstag des Friedrich Israel Torberg. Geschrieben 1941 in einer französischen Militärbaracke* –, hat sich ebenfalls vor Jahren jemand ausgeborgt, und es wäre langsam an der Zeit, sie zu retournieren!

Man konnte stundenlang mit Torberg über Theater reden, über Literatur – und zwar mit der gleichen Ernsthaftigkeit über Rilkes *Duineser Elegien* wie über obszöne

Schüttelreime. Bei letzteren genügte ein Stichwort, und er entschied, ob die Sache einer näheren Untersuchung wert wäre oder nicht. Sagte ich »Wassernixen«, nickte er: »Geht«; als ich hingegen »Nasenbluten« vorschlug, winkte er unwirsch ab: »Denk nicht einmal daran – eine phonetische Sauerei!«

Er konnte lange konzentriert und akribisch über Essen reden, von Menüs im Prag oder im Wien der Vorkriegszeit verklärt schwärmen. Über die Küche in Deutschland knirschte er: »In Deutschland kann man nicht essen. Dort kann man bestenfalls seine Essdurft verrichten!« Er konnte so vom Essen erzählen, dass einem das Wasser im Mund zusammenlief. Er brauchte nur »Gansl« zu sagen, und schon hatte ich Aquaplaning auf der Zunge!

Nun machte einmal eine Zeitung eine Umfrage, welches Epitaph sich Prominente auf ihrem Grabstein wünschten. Torberg schrieb:

»Essen war seine Lieblingsspeise«

Der Setzer muss das wohl für einen akuten Anfall von *Dementia senilis* gehalten haben, denn als der Zeitungsartikel erschien, stand dort:

»Essen war seine Lieblingsbeschäftigung«

Torberg tobte! Mit alttestamentarischem Zorn forderte er den Kopf des Schuldigen! Wünschte ihm sämtliche biblischen Plagen an den Hals. Und drohte, den Unglücklichen eigenhändig seiner Männlichkeit zu berauben, sollte er seiner habhaft werden. Er, der oft weise lächelnd, mit weltentrückter, in sich gekehrter Sanftmut jeden Buddha zum Rumpelstilzchen degradierte, konnte im nächsten Moment zu einem Feuer speienden Drachen werden, wenn Dummheit oder Ignoranz die Flamme seines »Heiligen Zorns« entfachten.

Ich traf ihn einmal am helllichten Tag – eine Rarität – in der Stadt, und er lud mich zum Kaffee ein. Wir gingen ins Café Mozart hinter der Oper.

»Was nimmst du?«

»Eine Melange.«

»Also, Herr Ober, eine Melange, und für mich einen Verlängerten.«

Der Ober: »Des is ja eh dassölbe.«

»Bitte?« Torberg starrte den Mann an, als hätte der sich eben eine antisemitische Frechheit geleistet. »Das wagen Sie *mir* ins Gesicht zu sagen? ›Eine Melange und ein Verlängerter sind dassölbe‹?«

»Na was denn?« Der Ober wusste nicht, dass er mit seinem Leben spielte – und dem Torbergs, dessen Halsschlagader zu Daumenstärke anschwoll.

»Eine Melange und eine Verlängerter sind *nicht* ›dassölbe‹, sie sind auch nicht das gleiche. Sie weisen bestenfalls eine entfernte Ähnlichkeit miteinander auf, indem sie beide aus der gleichen Grundsubstanz hergestellt werden: nämlich aus Kaffee!« Torbergs berühmt sonores »Ganslfett«-Timbre war einem heiseren Gurgeln gewichen: »Ein Verlängerter entsteht, indem man die Kaffeemenge für einen kleinen Schwarzen mit der Wassermenge für einen großen Schwarzen überbrüht, wohingegen eine Melange – wie schon der Name sagt – eine Mischung ist …« Jetzt wich der Zorn langsam dem leidenschaftlichen Ton des engagierten Volksbildners. Der Ober starrte nur ungläubig auf diesen offenbar Geistesgestörten, und als der endlich fertig war, entfernte er sich vorsichtig, auf dem Weg zur Küche immer wieder misstrauisch zurückblickend – und ich war nicht sicher, ob er mit den zwei Kaffees zurückkommen würde oder mit einem Polizisten.

Im Vergleich dazu kam ein Gast der Fledermaus, der sich ungefragt in ein Gespräch eingemischt hatte und sich zu allem Überfluss auch noch durch hartnäckige Blödheit auszeichnete, relativ glimpflich davon. Torberg beendete die Unterhaltung mit: »Hören Sie zu, ich vergesse nie ein Gesicht, aber bei Ihnen bin ich gerne bereit, eine Ausnahme zu machen!« Und wandte dem Ausgestoßenen den Rücken zu.

Torberg war aber auch ein Mann der weisen Ratschläge für alle Lebenslagen. Als ihm ein verheirateter Freund erzählte, er hätte eine Freundin und wüsste nicht, wie er das seiner Frau beibringen sollte, ja, ob überhaupt, sagte Torberg, versonnen in die Ferne blickend: »Lieber Freund, im Leben jedes Mannes kommt einmal die Stunde der Wahrheit. Und da heißt es lügen, lügen, lügen!«

Man konnte sich mit ihm auch über sämtliche aktuelle Theaterprojekte, über Aufführungen, die in Wien oder bei den Salzburger Festspielen stattgefunden hatten, unterhalten. Diese Diskussionen waren nicht selten veritable Streitgespräche, vor allem dann, wenn irgendein Schauspieler des – mit kommunistischen Idealen gegründeten – Neuen Theaters in der Scala dabei war. Denn der tolerante, im Denken so flexible Friedrich Torberg hatte eine unüberwindliche weltanschauliche Hürde. Weil er, der vor den Nazis fliehen musste und in den USA überlebt hat, diese mächtige Dankbarkeit gegenüber Amerika empfand, entwickelte er eine geradezu scheuklappenartige Weltanschauung, was zur Folge hatte, dass man mit ihm über alles reden konnte, außer über den Kommunismus. Das war jenes Thema, wo der Tolerante absolut

wurde, da hat das Gespräch aufgehört. Er konnte einfach nie verstehen, dass es wunderbare Schauspieler und Regisseure wie Karl Paryla, Wolfgang Heinz oder Günther Haenel gab, die eben die Scala gegründet hatten, die nach Ostberlin gegangen waren – und das alles aus den lautersten Motiven, nämlich aus reiner großer antifaschistischer Überzeugung.
Ich habe Torberg bis wenige Monate vor seinem Tod oft getroffen, und ein paar Mal unternahm ich vorsichtige Versuche, darüber zu sprechen. Über Karl Paryla konnte ich ihm zumindest das gemurmelte Zugeständnis »Ein ganz guter Schauspieler!« entlocken. Zu Brecht gab es keine Brücke. Torberg sah im wahrscheinlich bedeutendsten Lyriker des 20. Jahrhunderts sofort den Kommunisten und nur zögernd bis gar nicht den großen Dichter. Er fand dabei in Hans Weigel einen Bruder im Geiste.

Ironischerweise fanden sich diese beiden wunderbaren, blitzgescheiten, originellen Literaten plötzlich in einem Boot mit einem Mann, mit dem sie sonst wirklich nichts verband: mit dem erzkonservativen, erzkatholischen Unterrichtsminister Dr. Heinrich Drimmel, der in dieser Funktion oberster Herr der Bundestheater war und apodiktisch verkündet hatte: »Solange ich was zu sagen habe, wird am Burgtheater kein Brecht gespielt!« Schon allein das hätte die beiden stutzig machen müssen. Tat es aber nicht. Das Kapitel »Brecht« ist kein Ruhmesblatt in der sonst an Ruhmesblättern reichen Vita der beiden Männer.

Manchmal werde ich gefragt, was ich für die schönste Anekdote Friedrich Torbergs halte. Es gibt viele, die dieses Attribut verdienen, aber eine gehört sicher dazu: Als Torberg gefragt wurde, ob er skandinavische Vorfahren habe, weil sein Name doch sehr skandinavisch klänge, antwortete er: »Ja, einer meiner Urgroßonkel war Schiffsrabbiner bei den Wikingern!«

Von seinen Geschichten habe ich die vom Roten Krasa sehr gerne: Der Rote Krasa war ein berüchtigter Prager Erotomane, der den größten Teil seines Tages damit verbrachte, dem weiblichen Geschlecht nachzustellen – mit überraschendem Erfolg.
Eines Tages war der Rote Krasa in einen Vaterschaftsprozess verwickelt und musste eine Samenprobe abgeben, um sich von der Anklage der Vaterschaft zu befreien. Die Abgabe dieser Samenprobe erfolgte pikanterweise bei einem Militärarzt.
Krasa saß hinter einem Paravent, quälte sich ab, und vor diesem Paravent ging mit knarrenden Stiefeln der Militärarzt auf und ab und wurde langsam ungeduldig. Nun war dieses Stiefelknarren ja nicht gerade ein Aphrodisiakum, und irgendwann wurde der Militärarzt ungeduldig und rief hinter den Paravent: »Herr Krasa, sind Sie endlich soweit?«
Von dort war nun die klägliche Stimme des Krasa zu hören: »Herr Doktor, können Sie nicht wenigstens du zu mir sagen?«

Die Welt ist ja bekanntlich klein: Als ich diese Geschichte vom Roten Krasa unserer Freundin Lady Louise Abraham – eine wunderbare Mischung aus Gisela Werbezirk und Queen Victoria, in Prag geboren, in England lebend – erzählte, stöhnte sie laut auf: »Der Rote Krasa, den kannte ich sehr gut, das war so ein Schwein! Der hat mir immer hundert Kronen angeboten, falls ich ihm meinen nackten Hintern zeige. Zum Glück war ich finanziell unabhängig.«

Dann hat sie weitererzählt: »Aber überhaupt, das Prag in der Zeit damals, das war ein Pfuhl, das kannst du dir überhaupt nicht vorstellen. Ich hatte eine Freundin, die war berühmt dafür, dass sie den Männern unterm Tisch mit den Zehen das Hosentürl aufmachen konnte. Erst als der Zippverschluss in Mode kam, war der Ruhm vorbei, denn da konnten wir das alle.«

Schade, dass Friedrich Torberg schon tot war, als mir Lady Louise diese Geschichten erzählte. Ich hätte sie ihm gerne erzählt – und wie immer drei als Revanche bekommen.

Rudi Angerer – ein gemeinsamer Freund von Friedrich Torberg und mir – war eines Tages mit Torberg im Auto unterwegs, und sie mussten an einer Kreuzung halten. Genau an dieser Kreuzung war ein Zuckerlgeschäft, über dessen Portal in großen Buchstaben »Zuckerl Mayer« zu lesen war. Der Torberg sah das und sagte: »Siehst du, das ist der, der *Des Teuferls General* geschrieben hat.«

Fritz Hochwälder oder: Wie ungerecht das Leben sein kann

Ein gelegentlicher Gast am haeussermanschen Stammtisch war der österreichische Dramatiker Fritz Hochwälder, ein bemerkenswerter Mann, ein großer Kämpfer – ein sehr, sehr kleinwüchsiger Mann. Neben dem Theater in der Josefstadt befand sich eine Schneiderei, die dem Schneidermeister Silhavy gehörte. Dieser war nicht nur Schneider, sondern hatte auch ein gut bestücktes Antiquariat – einfach so unter dem Verkaufstisch. Ich bin oft nach der Probe hingegangen und habe geschmökert und auch das eine oder andere Buch bei ihm erworben.
Eines Tages kam ich zum Silhavy, und am Tisch lagen – zu meiner Verwunderung – Flanell-Shorts. »Das ist toll«, sagte ich, »ich habe gar nicht gewusst, dass es das bei uns in Österreich gibt, dass sich jemand Flanell-Shorts machen lässt. Ich dachte, so etwas haben nur die Engländer.«
Der Silhavy schüttelte den Kopf und sagte: »Das sind keine Flanell-Shorts. Das sind die Hosen von Herrn Hochwälder.« Er war eben ein kleiner Mann, aber mit einem wunderbaren großen Herzen, und eine große Kämpfernatur.

Fritz Hochwälder, der große, leidenschaftliche Antifaschist, hatte das unheimliche Pech, so wie Hitler gelernter Tapezierer zu sein. Als sein Stück *Donnerstag* am Burgtheater aufgeführt wurde, war er ohne Unterlass bei jeder Probe anwesend. Nun gab es in der Inszenierung aber immer wieder Phänomene, die ihm missfielen. Also

wurde er so gut wie jeden Tag beim Burgtheaterdirektor Haeusserman vorstellig, um ihm zu sagen, dass der Regisseur und die Schauspieler einfach alles falsch machten.
Am nächsten Tag kam er wieder und forderte Haeusserman auf, endlich einzugreifen: »Bitte, Sie müssen dem Regisseur sagen, er darf das nicht streichen. Sie müssen dem Bühnenbildner sagen, er muss da etwas anderes machen, sonst versteht man nicht, was ich gemeint habe.« Und so weiter.
Eines Tages sind Haeusserman die ewigen Beschwerden so sehr über die Hutschnur gegangen, dass er sagte: »Hochwälder, Sie sind der zweitlästigste Tapezierer, den dieses Land je hervorgebracht hat.«

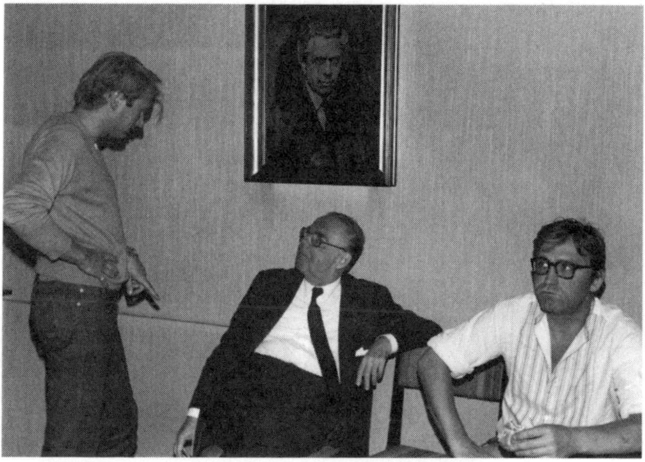

Mit Ernst Haeusserman und Michael Schottenberg im Konversationszimmer der Josefstadt – unter den Augen Max Reinhardts. Um 1980

Mit Franz Stoß in »Das lebenslängliche Kind« von Erich Kästner. 1985

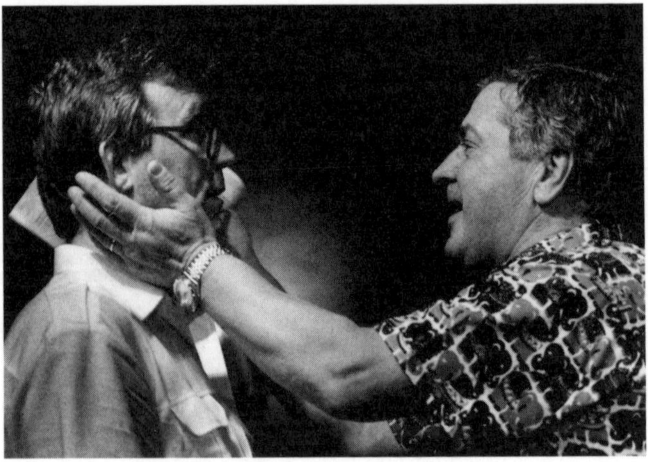

Wir waren »Ein seltsames Paar«:
Alfred Böhm und ich an den Kammerspielen. 1988

In Reichenau inszenierte ich die Farkas-Revue
»Schauen Sie sich das an«. 1988

Mit Susi Nicoletti in »Die Spanische Fliege«. 1995

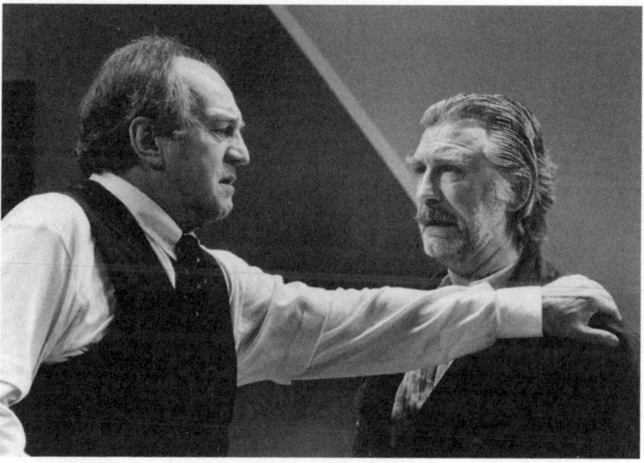

Mit Otto Schenk in »Der Geizige«. 1996

Abschied von der Josefstadt: Als Dr. Jura in meiner Inszenierung von Hermann Bahrs »Das Konzert«. 1998

Im Jahr 2001 erhielt Sir Peter Ustinov vom Bundespräsidenten Dr. Thomas Klestil das Große Ehrenkreuz für Wissenschaft und Kunst verliehen.

Zu guter Letzt

»Wenn die Kunst erzieht, so tut sie es als Kunst, nicht als Kunst der Erziehung, denn wenn sie Erziehung sein will, hört sie auf, Kunst zu sein, und eine Kunst, die sich selbst negiert, kann niemanden erziehen.«

Antonio Gramsci
(Philosoph und politischer Theoretiker)

Besonders aber lasst genug geschehn!
Man kommt zu schaun, man will am liebsten sehn.
Wird vieles vor den Augen abgesponnen,
So dass die Menge staunend gaffen kann,
Da habt Ihr in der Breite gleich gewonnen,
Ihr seid ein vielgeliebter Mann.«

Faust. Vorspiel auf dem Theater.

Diese pragmatisch-sarkastischen Worte des »Theaterdirektors« wirken aus heutiger Sicht wie eine düstere Prophezeiung. Das deutsche Theater nahm sie ernst, geradezu wörtlich – und wurde »bildlich«. Nun ist ja »ernst nehmen« der heimliche deutsche Nationalsport. Sie nahmen bekanntlich auch den »Köpenicker« ernst – und dieser Tatsache verdankt das deutsche Theater eines seiner großartigsten Stücke. Der gute alte *Faust* ist diesbezüglich sowieso ein tückisches Terrain. »Grau, teurer Freund, ist alle Theorie …« wird landauf, landab immer so zitiert, als wäre es eine goethesche Lebensweisheit – und man übersieht dabei völlig, dass es Mephisto ist, den Goethe diese Worte sagen lässt.

Es gab ein »Theater der Schauspieler«, ein »Theater der Autoren«, ein »Theater der Regisseure«, alles natürlich in diversen Mischformen mit verschwimmenden Grenzen. Während Otto Brahm in Berlin mit aller Kraft den Naturalismus durchsetzte und dessen Autoren Gerhart Hauptmann und Henrik Ibsen, ging man in die »Burg«, um den Sonnenthal zu sehen, den Lewinsky, den Baumeister, die

Wolter, die Hohenfels und die Schratt. Man wusste, dass Krauss den Köpenick spielte, den Lear, den Philipp, Kainz den Hamlet, den Romeo und den Leon, Sonnenthal den Faust und Mitterwurzer den Mephisto. Und Girardi den Valentin. Man wusste auch genau, wie sie diese Rolle spielten – aber wer das Bühnenbild für diese Stücke gemacht hatte, wusste man nicht (meistens übrigens auch nicht, wer Regie geführt hatte).
Wie sagte doch Max Reinhardt über seine Jugend auf der vierten Galerie des Burgtheaters: »Wir kannten nicht nur den Text, wir kannten die Schauspieler auswendig.« Und er, der erste bedeutende Regisseur des deutschen Theaters, der Begründer dessen, was heute »Regietheater« genannt wird, war der leidenschaftlichste Anhänger und Verfechter eines »Theaters der Schauspieler«.

Dieses »Theater der Schauspieler« gibt es längst nicht mehr. Wie hießen der andere Faust-Darsteller, die beiden Mephisto-Darsteller und die Darstellerin des Gretchens in Peter Steins Marathon-Inszenierung, die zwei Jahre lang gespielt wurde, davon immerhin drei Monate lang in Wien? Eben. Es war der *Faust* Peter Steins! Unvorstellbar, dass jemand vor siebzig Jahren von der legendären *Faust*-Inszenierung Reinhardts bei den Salzburger Festspielen gesprochen und nicht gewusst hätte, dass Ewald Balser den Faust, Raoul Aslan den Mephisto und Paula Wessely das Gretchen gespielt hätte. Man weiß es heute noch!

Das heutige Theater ist ein »Theater des Bühnenbildes«! Oder, vorsichtiger ausgedrückt, ein Regietheater, das sich wesentlich über das Bühnenbild artikuliert.

Es gab immer bedeutende Bühnenbildner (Alfred Roller, Oskar Strnad, Caspar Neher und Theo Otto – bis zum genialen »Raumerfinder« unserer Tage Karl-Ernst Herrmann), die auffällige Veränderungen herbeiführten, Spielräume gestalteten, wie man sie bisher noch nicht kannte, neue Materialien einsetzten, dem Licht eine völlig neue Funktion gaben usw. Aber im Großen und Ganzen hatte das Bühnenbild einen untergeordneten Stellenwert. An den unzähligen Stadttheatern war es durchaus üblich, dass dieselben Dekorationselemente in mehreren Stücken zum Einsatz kamen. Das »Schloss« musste im *Wallenstein* genauso herhalten wie in der *Ahnfrau* oder im *Hamlet*. Ein Schloss war ein Schloss. Aus.
Und man war froh, dass man überhaupt eines hatte.
Die Chaiselongue der Minna von Barnhelm fand man im Kabinett der Lady Milford wieder oder im Salon des Prinzen Orlowski. Das war natürlich in erster Linie ein finanzielles Problem. Aber auch an den großen Theatern, die sich für jedes Stück eine eigene Dekoration leisten konnten, war das Bühnenbild von untergeordneter Bedeutung.

»Meine« erste Premiere am Burgtheater war *Wallenstein*. Das war im Jahr 1959: Ich war vierzehn, Haeusserman war gerade Burgtheaterdirektor geworden, Werner Krauss gerade gestorben. Ich hatte vorher schon einige Repertoirevorstellungen an der Burg gesehen, aber für *Wallenstein* bekam ich eine Premierenkarte, und zwar für beide Teile. Ich weiß heute noch die komplette Besetzung, ich erinnere mich an Attila Hörbiger, der den Prolog gesprochen hat – als Landsknecht, mit zwei Krücken, ein Bein nach hinten gebunden –, an Meinrad, der den zornigen Franziskaner gespielt hat, an Günther Haenel als Seni, an

die Krahl als Gräfin Terzky, an die Wallner als Marketenderin, höre Paul Hoffmann noch, wie er den unglaublich modernen Schluss des Stückes »Dem Fürsten Piccolomini ...« gesprochen hat, erinnere mich, wie Albin Skoda die buschigen, weißen Brauen gerunzelt hat, wie der Janisch den Ilo gespielt hat, der Lindner den Isolani, und an Balser, Reyer und Aglaja Schmidt erinnere ich mich sowieso. Ich erinnere mich auch an das Bühnenbild (vor allem an Wallensteins Sternenkabinett). Aber ich könnte heute nicht mehr darüber sagen, als dass ich damals das Gefühl hatte, es hätte einfach – gestimmt. Es war der Hintergrund, vor dem sie alle spielten. Wahrscheinlich gut, wahrscheinlich richtig, aber eben Hintergrund.
Aus diesem »Schattendasein« ist das Bühnenbild ein für alle Mal herausgetreten. Es denkt gar nicht mehr daran, einen Hintergrund abzugeben. Das Bühnenbild ist »vordergründig« geworden! In jeder Beziehung.
Es gibt das berühmte Bonmot: Ein Kritiker sitzt im Theater, der Vorhang geht auf, der Kritiker seufzt kopfschüttelnd: »Oh Gott, schon wieder ein Zimmer!«
Ich rede natürlich in erster Linie vom Theater im deutschen Sprachraum. Die Briten beispielsweise, die einen viel natürlicheren, ungezwungeneren Zugang zum Theater haben, haben nichts gegen ein »Zimmer«, wenn in diesem Zimmer gut Theater gespielt wird! Am deutschen Theater aber musste das Zimmer weg. Und mit dem Zimmer jede Art von Raum, die auch nur die geringste Ähnlichkeit mit dem Spielort hatte, der dem Dichter vorschwebte. Das deutsche Theater setzte auf neue, deutliche, optische Signale. Nein, es forderte sie! Wenn der Vorhang aufging, sollte der Zuschauer sofort merken: »Ah, dort oben wird heutiges Theater gemacht!«

Plexiglas-Stahl-Konstruktionen, Kunststoff-Jalousien, Alu-Wände. Symbole, Metaphern, Chiffren wohin das Auge schaut. Als hätte das Theater neidisch beobachtet, wie die bildende Kunst und die Architektur mit Siebenmeilenstiefeln voraneilten, während es selber – zumindest was die Ästhetik betrifft – nur sehr langsam vorankam. Man wollte aufholen. Nun ist das Theater an sich »langsamer« als die bildende Kunst, weil sein Vehikel immer noch die Sprache ist. Auch ein heutiger Roman unterscheidet sich weniger spektakulär von einem Roman Thomas Manns, als ein heutiges Bild von einem, das zur Zeit der *Buddenbrooks* gemalt wurde. Aber die Buchumschläge haben sich deutlich verändert! Genau so ist es am Theater!

Es gibt für den drastisch veränderten Stellenwert des Bühnenbildes zwei Gründe: Erstens fehlen genügend »neue Inhalte«. Es werden schlicht und einfach zu wenig neue Stücke geschrieben! Anders im angelsächsischen Theater, wo das Stückeschreiben eine ungebrochene Tradition hat; diese Bühnen werden ständig mit neuen Inhalten beliefert, über neue Formen muss man sich daher weniger den Kopf zerbrechen.

Das deutschsprachige Theater greift dagegen notgedrungen immer wieder auf »alte Inhalte« zurück – die dann aber in »neuer Form« präsentiert werden, um dadurch Aktualität zu zeigen. Wobei ich persönlich der Meinung bin, dass viele »alte Inhalte« nach wie vor unglaubliche archäologische Fundstätten sind. Sie herauszuarbeiten aber ist mühselig und schwierig und gar nicht spektakulär. Der zweite Grund ist eine stetige Wandlung unserer Gesellschaft von einer Wort- zu einer Bildgesellschaft, der unser Theater brav Rechnung trägt, und das ist eigentlich

schlimm. Wir sitzen eben nicht mehr stundenlang im Kaffeehaus und lesen alle Zeitungen, sondern lassen uns die Quintessenz der Neuigkeiten per Fernsehen illustriert ins Haus liefern. Für Politiker ist die Art, wie sie im Fernsehen »kommen«, ihre mediale Präsentierbarkeit, wichtiger als die Inhalte ihrer Aussagen. Sogar beim Telefonieren ist uns das Zuhören allein schon zu langweilig geworden. Milliarden werden gerade investiert, ganze Firmenimperien richten sich zugrunde, nur damit das Hör- und Sprechinstrument Telefon auch zum Bildinstrument wird! »Ein Bild sagt mehr als tausend Worte«! Der zukünftige Werbeslogan für Telefonanbieter! Das entbehrt nicht einer gewissen Komik!
Aber am Theater wurde der Slogan zur Tageslosung. Auch hier ist es längst nicht mehr der Ton, der die Musik macht, sondern es sind optische Metaphern und grelle Bilder. Das Lay-out. Die Bühne wurde zur Arena der Designer.
Grelle Bilder haben aber den Nachteil, dass sie oft platt, plump und überdeutlich sind oder so vieldeutig und zugleich so nichtssagend, dass sie jede x-beliebige Interpretation zulassen. Oder sich so plakativ in den Vordergrund drängen, dass der Schauspieler nur mehr Teil eines »künstlerischen Gesamteindruckes« ist. Kein Mensch wird Schauspieler, um »Teil eines Gesamteindruckes« zu werden. Wenn er »Teil eines Gesamteindruckes« werden möchte, wird er nicht Schauspieler, sondern Fenster in Schönbrunn.

Ich stand vor einiger Zeit vor einem berühmten Schaukasten einer berühmten Theaterstadt, in dem Bilder von fünf verschiedenen Aufführungen in verschiedenen Theatern ausgestellt waren, und habe mir diese Bilder lange

angesehen. Wenn irgendjemand auf die teuflische Idee gekommen wäre, den Schaukasten zu öffnen und einige Bilder zu vertauschen – ich schwöre, es wäre keinem Menschen aufgefallen! So ähnlich waren sie sich alle, so verwechselbar, so austauschbar. Alles unter einer gleichförmigen »*Theater heute*-Ästhetik« verschüttet wie unter einer dicken Lavaschicht.
Früher standen in den »berüchtigten« Zimmern bei verschiedenen Stücken immerhin verschiedene Möbel. Wenn heute der Vorhang hochgeht, kommt sehr oft ein Raum zum Vorschein, in dem Shakespeare in Hannover, Ibsen in Stuttgart, Molière in Frankfurt oder Botho Strauß in der Josefstadt gespielt werden kann.
»Am Anfang war der Raum«!
Das »Bühnenbild« hat seine jahrzehntelange Domestiken-Existenz endgültig satt. Es hat »ausgedient«. Es denkt gar nicht mehr daran, ein Stück zu bedienen.
Das Aschenputtel wurde zur launischen, selbstherrlichen Primadonna!

Natürlich ist Theater nicht »Hörspiel«, und selbstverständlich hat das Auge am Theater die gleichen Rechte wie das Ohr. Es weint auch kein Mensch dem blöden »Zimmer« nach. Neue Spielräume, immer wieder überdacht und verändert – selbstverständlich. Aber es geht doch immer um das Stück (zumindest sollte es das)! Und um die Schauspieler, die darin auftreten und für die ein »Spielraum« geschaffen werden soll.
Wenn heute ein Regisseur auf die Idee kommt, *Romeo und Julia* als Liebesgeschichte zwischen einem israelischen Mädchen und einem palästinensischen Buben zu erzählen, dann ist das vielleicht eine sehr schöne,

berührende Idee. Obwohl diese »Spielortverlegungen« meist mit schweren Transportschäden verbunden sind. Aber vielleicht geht sich's aus. Dann ist das Bühnenbild eben »ein Stück Gaza-Streifen«. Oder ein Kibbuz. Auch gut. Nur damit allein ist noch nichts getan. Das ist ein Einfall, nicht mehr. Denn gespielt werden muss im Kibbuz genau so echt und leidenschaftlich wie in Verona.

Aber die Omnipotenz des Bildes wird heute oft so überschätzt, dass man sich auf seine alleinige Aussagekraft verlässt. Ein Bild sagt vielleicht mehr als tausend Worte – aber ist mehr immer besser?

Julius Caesar wird nicht besser, wenn es vor einem Bild von Saddam Hussein stattfindet (oder von George W. Bush, das ist eine Frage der Weltanschauung). Besser wird Theater nur, wenn es klarer, verständlicher, aufregender und besser gespielt wird. Und zwar gespielt, nicht gemacht! Man kann Lärm »machen«, Schluss, Urlaub, eine Ausnahme, sich Sorgen – Theater jedoch kann man nur spielen!

»Theater machen« ist was ganz anderes. Nämlich genau das, was der tägliche Sprachgebrauch darunter versteht.

Kein Bühnenbild der Welt konnte mir die *Letzten Tage der Menschheit* näher bringen – und es haben einige versucht – als Helmut Qualtinger an einem kleinen Tisch mit grüner Leselampe! Ich habe damals nach dieser Vorstellung das halbe Stück auswendig gekonnt – nur vom Zuhören – und habe vieles noch heute in Qualtingers unvergesslicher Diktion im Ohr.

Es gab aber auch eine berühmte, von der Kritik überschwänglich gefeierte, opulente Aufführung der *Letzten Tage*, die vor Symbolen und optischen Metaphern geradezu überquoll. Die habe ich auch gesehen. Und ich kann

mich auch noch an einiges erinnern. Vor allem daran, dass alle Juden und die preußischen Offiziere von Frauen gespielt wurden. Als ich einen Mitwirkenden nach der Vorstellung in seiner Garderobe besuchte und ihn fragte: »Warum sind eigentlich alle preußischen Offiziere Frauen?«, erhielt ich die interessante Antwort: »Das soll die ›erotische‹ Faszination symbolisieren, die die Offiziere für Kaiser Wilhelm hatten!« »Aha! Und warum werden alle Juden von Frauen gespielt?« »Weil wir nicht genug Männer hatten!« So viel zu »Symbolik auf dem Theater«!
Ich habe einige Inszenierungen des großen englischen Theatermannes Peter Brook gesehen: *Carmen* spielte in einer kleinen Arena, beim *Sturm* bestand das Bühnenbild aus einigen Fuhren Sand und einem Stein, *Hamlet* kam mit einigen Kissen und Decken aus. Spannendes Theater! Ich habe meine von einem langen Schultag sehr müde 15-jährige Tochter in diesen *Hamlet* mitgenommen – und sie hat aufgeregt und wach das Theater verlassen. Wir haben zwei Stunden lang nur Schauspielern zugesehen. Ich habe keinen einzigen gekannt – aber ich kann mich heute noch an ihre Gesichter erinnern.
Es gibt nichts Aufregenderes auf der Bühne ebenso wie im Film als das menschliche Gesicht. Und ein Gesicht ist doch schließlich ein Bild. Wahrscheinlich das schönste. Ich kann mir stundenlang Gesichter anschauen: das von Jean Gabin, wenn er sich ein Pasteten-Sandwich streicht, dabei nur zuhört und ab und zu nickt; das von Spencer Tracy, wenn er sich beim Rasieren schneidet, weil er sich über Katherine Hepburn ärgert; das von Charles Laughton, wenn er als Quasimodo die umherstehenden Gaffer um Wasser bittet; oder das von Ingrid Bergman, wenn sie in *Casablanca* zum ersten mal Rick wieder sieht

– oder einfach das Gesicht einer Mutter, die ihr Kind aufhebt, das beim Spielen hingefallen ist.
Selbstverständlich wurde der brooksche *Hamlet* von der hiesigen Kritik mit ziemlicher Herablassung behandelt, und es wurde das Fehlen einer erkennbaren – sprich »sichtbaren« – politischen Deutung bemängelt.
Denn die Theaterkritik liebt Deutungen. So offensichtliche wie möglich, bitte! Schauspielerische Details interessieren sie längst nicht mehr, denn um diese zu beschreiben, ist manchen Kritikern bereits das Vokabular abhanden gekommen. Ich habe seit Jahren keine einprägsame Beschreibung einer schauspielerischen Leistung mehr gelesen.
Hingegen haben die Theoretiker der bildenden Kunst eine äußerst beeindruckende Terminologie entwickelt, derer sich die Theaterkritik nur zu gerne bedient, um damit Phänomene der darstellenden Kunst zu beschreiben.
Hamlet »an sich« ist für diese Kritiker langweilig. *Hamlet* im Aquarium hingegen – halt, das ist interessant! Und neu! Hier hat sich eine auffällige Haltungsänderung vollzogen: »Alles ist gut, wenn es nur neu ist!«
Sehr intelligent! Denn wenn sich das Neue durchsetzt, sagt man: »Ich habe es immer gewusst!« Setzt es sich nicht durch, kann man sagen: »Bitte, an mir lag es nicht!«
So ist das »Hanslick-Trauma« der Kritiker noch lange nicht überwunden: »Ich will nicht zu diesen reaktionären, konservativen Trotteln gehören, die Wagner bekämpft, Mahler und Schönberg, van Gogh und Schiele nicht rechtzeitig erkannt haben!«
Daran wäre an sich nichts auszusetzen, im Gegenteil. Aber um ja nicht als Verhinderer oder Verzögerer zu gel-

ten, haben sich die Kritiker in Einpeitscher verwandelt: »Vorwärts! Macht was! Tut was! Wir wollen was sehen! Und zwar etwas Neues! Gut oder schlecht ist nicht so wichtig, Hauptsache es ist neu! Uns ist nämlich fad!«
Und darum wird die nächste deutschsprachige Aufführung des *Kirschgarten* wahrscheinlich im Bauch des gesunkenen russischen U-Bootes »Kursk« gespielt – pardon: gemacht – werden. Da hat man doch was in der Hand. Da merkt man doch gleich, dass sich jemand etwas dabei gedacht hat!
»Toller Einfall, was, das mit dem U-Boot?« – »Wer hat denn gespielt?« – » Der eine war der … der Dings, der … der auch im Fernsehen … manchmal … du weißt eh, er ist, glaub' ich, mit der … der Dings zusammen … die Namen der anderen fallen mir jetzt nicht ein. Müsste ich nachsehen. Meine Frau hat das Programmheft gekauft. Zwölf Euro. Nicht billig. Aber zahlt sich aus. Toll. A4-Format. Jede Menge Bilder. Von dem U-Boot. Vorher und nachher. Farbfotos. Sehr aufwendig gemacht. Sooo dick! (zeigt mit den Fingern). Wirklich toll gemacht – vor allem die Bilder!«

Aber bekanntlich ist alles relativ, und vieles offenbar eine Frage der Perspektive. Gerade an dem Tag, an dem ich dieses Kapitel zu Ende geschrieben hatte, traf ich am Abend nach meiner Vorstellung von *Das ist ein Theater!* meinen Freund, den Architekten und Karikaturisten Gustav Peichl, nach dessen Plänen gerade die Münchner Kammerspiele umgebaut werden.
»Wie weit bist du mit deinem Buch?«, fragte er mich.
»Ich schreibe gerade ein Kapitel über das Bühnenbild …«
Weiter kam ich nicht, denn Peichl unterbrach mich

enthusiastisch: »Endlich! Bravo! Es wird höchste Zeit, dass jemand den Leuten erzählt, wie wichtig das Bühnenbild am Theater ist. Das wird nämlich immer maßlos unterschätzt!«

Als das alte Burgtheater, soeben erst zum Hof- und Nationaltheater erhoben, am Ostermontag des Jahres 1776 in einem leer stehenden Ballhaus am Michaelerplatz seine Pforten öffnete, wurden die beiden Lustspiel-Einakter *Die Schwiegermutter* und die *Indianische Witwe* gespielt. Aber die Wiener gingen nach wie vor lieber und öfter ins Kärnthnerthortheater, um dort ihre geliebten Stegreifkomödianten, den berühmten Hanswurst Prehauser und seine Kollegen Kurz-Bernadon und Weiskern, zu sehen.
Da sich das Burgtheater dieses Geschäft nicht entgehen lassen wollte, wurde der Hanswurst eben ans Burgtheater engagiert. Prehauser, Nachfolger des legendären Hanswurst Stranitzky, hatte Angst, beim Publikum nicht so anzukommen wie sein Vorgänger, also kniete er bei seinem ersten Auftritt auf der Bühne nieder und rief flehend in den Zuschauerraum: »Bitte lachts über mich!«
Es wurde über ihn gelacht, und Prehauser war als Hanswurst bald ebenso populär wie der große Stranitzky.

Zur selben Zeit gab es in Dresden die Truppe der berühmten Theaterprinzipalin Karoline Neuber, genannt die Neuberin. Und es gab den gefürchteten Literatur- und Theaterpapst Gottsched, der es sich zur Aufgabe machte, den Hanswurst endgültig von der Bühne zu verbannen (und mit dem Hanswurst gleichzeitig Shakespeare und die Griechen).
Die Neuberin, die stark unter dem Einfluss Gottscheds

stand, ließ daher während einer Aufführung in Leipzig den Hanswurst öffentlich und symbolisch verbrennen! Karoline Neuber hat sich um das Theater unbestreitbar große Verdienste erworben, entzweite sich auch später mit Gottsched – aber vom verbrannten Hanswurst hat sich das deutsche Theater nie wieder ganz erholt!

Als die bedeutende Schauspielerin Elisabeth Flickenschildt rund zweihundert Jahre später in Hamburg ein Haus mieten wollte, begab sich ihr Sekretär auf die Suche und fand endlich etwas Passendes: das Haus eines pensionierten Kapitäns an der Außenalster. Man war sich über Miete und Konditionen längst einig, als der Kapitän fragte: »Für wen soll denn das Haus überhaupt sein?«
Worauf der Sekretär stolz antwortete: »Für Frau Staatsschauspielerin Flickenschildt!«
Da schüttelte der Kapitän den Kopf: »Nee, an Kaspers vermieten wir nicht!«

Ende der Vorstellung

Heinrich Anschütz, einer der großen deutschen Tragöden, nachmals Star des Burgtheaters, war einer der berühmtesten Sprechkünstler des deutschen Theaters und zugleich einer der langsamsten! Seine Zeitlupen-Diktion ist Legende.

In seiner Jugend spielte er irgendwo in der Provinz den *Wallenstein*; die Vorstellung zog sich wegen seines Sprechtempos ungeheuer in die Länge – und langsam verließ ein Zuschauer nach dem anderen das Theater, bis schließlich nur noch der Billeteur übrig blieb. Anschütz spielte ungerührt weiter. Eine Zeit lang hörte der Billeteur zu, dann rief er auf die Bühne: »Gehen S', Herr von Anschütz, sind Sie so lieb und sperren dann zu, wenn S' fertig sind? Und wenn Sie den Schlüssel bitte unter den Fußabstreifer legen! I geh' nämlich jetzt!«

Register

Fett gesetzte Ziffern verweisen auf Abbildungen.

Bildnachweis

Will Appelt, Wien: Seite 75 (2)
Gerhard Bartl, Wien: 136 oben (2)
Rudolf Blaha, Wien: Seite 130 unten
Ingrid Fellner, Mödling: 192 unten
Gretl Geiger, Wien: Seite 70 oben
Ernst Hausknost, Wien: Seite 40, 41, 72 (2), 73, 74, 79 (2), 191 oben
Elisabeth Hausmann, Wien: Seite 76 oben
Michael Horowitz, Wien: Seite 78, 134 oben
Kalmbacher: 194 unten
Pedro Kramreiter, Wien: Seite 131, 132, 133 (2)
Heinz Marecek: Seite 34 (2), 35 (2), 36, 37 (2), 38, 39, 76 unten, 130 oben, 135, 136 unten, 137
Victor Mory, München: Seite 70 unten
Atelier Palffy, Wien: Seite 77, 191 unten, 192 oben, 193 (2), 194 oben
Milan Poupa, Wien: Seite 71
Alois Sporeni, Bregenz: Seite 134 unten

Die Rechtslage bezüglich der reproduzierten Bilder wurde – soweit möglich – sorgfältig geprüft; eventuelle berechtigte Ansprüche werden vom Verlag in angemessener Weise abgegolten.

978 3 7017 1460 5

Heinz Marecek

Ein Fest des Lachens

Weihnachten einmal anders

„WEIHNACHTEN IST EIN FEST DER FREUDE und Freude lacht – auch zu Weihnachten!"

Mit diesem Leitgedanken erfreut der beliebte Schauspieler Heinz Marecek jedes Jahr in lustigen Lesungen sein Publikum. Ob er mit seiner Lieblingsgeschichte von Herbert Rosendorfer die Freuden eines geschenkten Dackels wiedergibt oder Werner Schneyders Lob der Influenza teilt, dem Variantenreichtum der heiteren Seiten des Festes sind kaum Grenzen gesetzt. Seien es Georg Kreisler, Egon Friedell, H. C. Artmann oder Alfred Polgar: Alle haben ihren festen Platz in Mareceks munterer Sammlung.

Eine wohltuend ungewöhnliche Zusammenstellung im Einheitsbrei der allgegenwärtigen Weihnachtsbehübschung.
NEUES LAND

Unter dem Motto „Freude lacht" stellt sich Heiterkeit und Gelassenheit ein.
WELT DER FRAU

www.residenzverlag.at

Wolfgang Teuschl

Da Jesus und seine Hawara

Das Neue Testament im Wiener Dialekt

978 3 7017 1454 4

978 3 7017 4000 0

Ein wienerisches Evangelium:
nach 35 Jahren wieder im Residenz Verlag.

EIN BUCH, DAS DIE GEMÜTER ERREGTE und die Menschheit spaltete: Mancher Deutsch- und Religionslehrer sah darin eine nützliche Arbeitshilfe, um den Unterricht durch eine das Erhabene in irdische Worte fassende Lesart des Neuen Testaments aufzulockern. Von anderen wurde es verboten. Heute ist das Buch ein Klassiker von Rang, nicht zuletzt, weil Teuschls „Übersetzung" die Worte Jesu und die Berichte der Evangelisten aus der sprachlich-pathetischen Erstarrung löst und neu erleben lässt.
„Hier wird mit jener pathetisch-salbungsvollen Sprache aufgeräumt, in der uns die Frohbotschaft überliefert ist", urteilte seinerzeit Dietmar Grieser.

Wer die Bibel bisher fad fand, dem sei dringend die Neuauflage von Wolfagng Teuschls wienerischer Fassung ans Herz gelegt. DIE PRESSE

Ein Klassiker der Bibelübersetzung! DIE GANZE WOCHE

www.residenzverlag.at